El poder de ser docente

Margarita Martínez Meza

Angélica Saldierna

ola
PUBLISHING
INTERNACIONAL

ISBN: 978-1-63765-196-4

![Hola Publishing Internacional logo]

Hola Publishing Internacional
www.holapublishing.com

Impreso y encuadernado en los Estados Unidos de América

A Dios y María Santísima.

A mi esposo por su apoyo incondicional y a mis hijos por su alegría, inspiración y fuente de esperanza para cada día de mi vida.

Especialmente a mis padres y a todos los profesores, mentores, maestros de vida que me han dado su consejo, apoyo y enseñanzas. Gracias infinitas.

Margarita Martínez Meza

A Dios por su gracia, a mi esposo Gonzalo Felipe López Limón por su apoyo incondicional, a mi hijo Gonzalo López Saldierna por ser el motor principal de lo que hago. A mi gran maestra de vida, mi madre, gracias por motivarme a dar mi mejor esfuerzo. A todos los maestros que han creído en mí y que se han capacitado con una servidora, pero sobre todo a mis alumnos que han dejado una huella en mi corazón y que sin ellos no podría existir este libro.

Angélica Saldierna

Índice

Introducción   9

Prólogo   13

1 El día que cerré la puerta a Maribel   17

Estrategias de aprendizaje vs
estilo de aprendizaje   24

Bibliografía de consulta   28

2 La fórmula para cautivar la atención   29

Fórmula para cautivar la atención de los alumnos   31

La Actitud Positiva   38

Acciones para desarrollar la actitud
positiva en nuestras vidas   39

Bibliografía de consulta   44

3 La perspectiva ecológica y
la diversidad en el aula   45

La ecología del aula: los alumnos y su entorno
en una comunidad de aprendizaje   55

Bibliografía de consulta   59

4 Nuestro invitado especial   60

Rol del docente   65

La corriente socio-constructivista   70

Bibliografía de consulta   73

5 Educación con calidad y calidez   74

Las competencias y la educación del Siglo XXI   81

Teoría humanista   83

Bibliografía de consulta   85

6 Alumno ideal vs maestro ideal   87

Hacia la construcción de alumnos de excelencia   95

La planeación y la comunicación   96

La comunicación   99

Mensajes del yo en lugar del tú   104

Cómo formular un mensaje de responsabilidad   105

Bibliografía de consulta   107

7 Errores comunes   108

Planeación en acción   116

Los objetivos de aprendizaje   116

Las actividades de enseñanza aprendizaje   117

Estrategias de evaluación o retroalimentación
para comprobar la compresión del estudiante   118

Algunas recomendaciones adicionales
para el éxito de la planeación   120

Bibliografía de consulta   122

8 Perfil de egreso   123

Aprendizaje significativo   130

Ejemplos de estrategias docentes
para un aprendizaje significativo   133

Bibliografía de consulta   140

9 La educación en tiempos de pandemia   141

Creatividad y Resiliencia   146

Resiliencia   150

Bibliografía de consulta   154

10 Se venden sueños   155

Las competencias personales   162

Bibliografía de consulta   170

Agradecimientos   171

Introducción

En un contexto de grandes transformaciones y desafíos para la educación, se nos presenta el cambio drástico que provocó la pandemia en la educación, pasar de lo presencial a trabajar con nuestros alumnos a distancia. Ha sido un tiempo de incertidumbre, pero que a la vez nos ha impulsado a buscar herramientas de adaptación y de innovación en nuestros sistemas de enseñanza, porque pese a toda esta vorágine de emociones producidas por este virus, la esencia de nuestra labor no ha cambiado.

La vocación docente, es la que nos permite continuar con nuestras tareas cotidianas y satisfacer las demandas de una sociedad necesitada de certezas. Es la vocación la que enfrenta el desafío, la que tiene que echar fuera los miedos y la que nos hace perseverar. Una cosa nos ha quedado clara, que la pandemia nos ha hecho reconocer nuestras áreas de oportunidad y también nos ha permitido ser más conscientes de nuestras fortalezas.

A través del contenido de este libro deseamos transmitirte el entusiasmo que ha sido nuestro motor y energía, porque hemos comprendido que la docencia no se trata solamente de transmitir conocimientos sino de enseñar a construirlos, que nuestra práctica diaria marca para bien o para mal la vida de nuestros alumnos y que deseamos que cada uno de ellos sea impactado positivamente en las aulas.

Lo mismo antes que ahora, a la vocación docente hay que apoyarla porque es la enseñanza la principal receptora de todo lo que pasa en la sociedad: el deterioro de la familia, la incertidumbre del futuro, la evolución de las tecnologías, la devaluación de los liderazgos, la economía familiar, etc. Sabemos que hoy en día desempeñar la tarea docente con entusiasmo y dedicación no es suficiente, es necesario ir más allá, tener la excelencia como meta, aceptar la necesidad de adaptarse a los cambios, erigirse como actor de estos y reconocer en los alumnos el centro y fin de la enseñanza. Por estas razones creemos que la profesionalización es clave para mejorar la calidad de la enseñanza y el docente debe encauzar sus energías hacia un constante trabajo personal en lo vocacional y en lo profesional.

Este libro es el resultado y reflejo de muchos años de práctica docente, en él hemos querido incorporar ambas perspectivas: la vocacional y la profesional, el éxito de dichas prácticas es lo que nos da la confianza de que será un contenido enriquecedor y de fácil implementación. El contenido aporta además desde el lenguaje, la esencia del coaching con neurolingüística, que llevará a los lectores a la ruta de la autoconciencia de su actuar docente, para que el mismo profesor encuentre sus herramientas y alcance sus metas.

Miss Angélica te compartirá su experiencia docente y la fórmula que le ayudó a cautivar la atención de sus alumnos. A través de sus experiencias, que ha compartido en sus cursos y talleres impactando la vida de cientos de profesores, podrás conocer los aspectos a tomar en cuenta para planear una clase creativa, motivadora y divertida. Te compartirá cómo fue su transformación de ser una maestra tradicional a ser una maestra innovadora, preocupada por la calidad y la calidez en el trato con sus alumnos. Te llevará a través de sus anécdotas a re- enamorarte de tu vocación, a disfrutar de tus clases. Estamos seguras, que los ejemplos prácticos que propone podrás hacerlos funcionar de inmediato para aligerar el estrés y la carga cotidiana.

La Maestra y Coach Margarita Martínez Meza te presentará la perspectiva teórica de las experiencias vividas en el salón de clases, te llevará a profundizar más en la didáctica y los fundamentos de tu práctica docente. Todo de manera sencilla y motivadora para plantearte algunos conceptos que te permitirán, si así lo deseas, profundizar en cada uno de los temas. El objetivo de estas cápsulas (Para saber más y Bibliografía de consulta) localizadas al final de cada uno de los capítulos es el de fortalecer tu labor docente. al acercarte a los conceptos clave, presentándote estrategias para que puedas transmitir tu conocimiento de la mejor manera.

También encontrarás reflexiones (autoevaluación- reflexión) que te conectarán con tu labor docente. Al término de cada capítulo pondrás en práctica lo aprendido, encontrarás en ti mismo todas las respuestas, además te harás más consciente de que posees el potencial suficiente para hacer más significativo el aprendizaje y lograr ser más empático con tus alumnos.

Como puedes ver este libro va dirigido a los docentes de carrera (normalistas y pedagogos), como también a los profesionistas que han decidido trascender en la docencia, y a todo aquél que desee profundizar en el fascinante mundo de la enseñanza, que desee reivindicar la convicción y la excelencia como ingredientes fundamentales del trabajo en las aulas.

¡Te damos la más cordial bienvenida!

Esperamos de todo corazón que este libro potencie en ti la pasión por esta bella profesión de enseñar, deseamos encontrarnos contigo en alguna otra experiencia de aprendizaje. No dudes en contactarnos para profundizar en estos temas, anhelamos que nos cuentes tus experiencias y aprender de todo lo que haces.

Sinceramente,
Margarita Martínez Meza y Angélica Saldierna

Prólogo

Cuando recibí el libro "El poder de ser docente" quedé atrapada por el título. Pude imaginar los temas y la forma de tratarlos, pero al mismo tiempo pensé, tengo más de 30 años de ejercicio docente, qué más me podría aportarme un libro con esta temática. Así que empecé a hojearlo y comprendí, a través de sus relatos y argumentos, la relevancia que tiene el que, como profesores compartamos nuestras experiencias; formemos una gran comunidad para, en primer lugar, ayudarnos unos a otros descubriendo y redescubriendo nuestra vocación; y por otro lado, saber que no estamos solos, que no estamos obligados a saber siempre las respuestas. Pero sí a escuchar y atender todas las preguntas de nuestros alumnos y porque no, de nuestros pares académicos.

También recordé una frase de la película del "Hombre Araña", en donde el "Tío Ben" le dice a su sobrino: "Peter, un gran poder conlleva una gran responsabilidad". ¿Cuál es el gran poder de ser docente? Y, por lo tanto, ¿cuál es la gran responsabilidad que conlleva esta profesión?

A través de sus páginas, las autoras plantean algunas experiencias y retos vividos por ellas, compartiéndonos sus reflexiones acerca del binomio del hacer en educación: permanencia y cambio. Como docentes, ¿qué debemos de lograr que permanezca para generar un cambio? y, por otro lado, ¿qué tenemos que cambiar para permanecer y ser relevante para nuestros alumnos?

Nos comparten una mirada que atiende, no solo al presente, resultado del pasado, sino también a las acciones que debemos generar y proyectar para responder a los retos del futuro. No solo por hacer más atractivas las clases, sino realmente para atender las necesidades y emprender una aventura educativa junto con nuestros alumnos.

Recordemos, no hay docente sin alumno, pero tampoco hay alumno sin docente. Se trata de una relación en la cual ambos nos necesitamos para crecer juntos. Recordemos que la educación es un acontecimiento personal. Podemos definir "acontecimiento" como algo que me ocurre, algo que me afecta, tocándome en lo profundo y transformando mi vida en mayor o menor medida. Desde una perspectiva humanista, la educación ha sido definida como un acontecimiento antropológico, porque es algo que afecta a las personas en su relación con otras personas, por lo tanto, la clave del acontecimiento es el encuentro entre personas.

El texto toca lo más profundo de la naturaleza humana. Nos invita, con tono positivo, realismo y sencillez a reconocer nuestras debilidades y fortalezas; a convertirnos en la mejor versión de nosotros día a día. Nos lleva a ver más allá de las acciones de cada uno para poder decir: "Gracias", porque tú, eres más que tu trabajo. Y, "perdón", porque tú, eres más que tus limitaciones.

Aborda lo emocional y lo técnico, lo vocacional y lo profesional, ahonda en la idea de que la docencia no es transmitir conocimientos sino enseñar a construirlos junto con nuestros alumnos. Nos muestra que, educar y enseñar, es compartir, es relación.

Miss Angélica y la Maestra Margarita nos hablan desde su interior, nos narran su recorrido y su proceso de transformación profesional y personal dentro del magisterio. Nos comparten sus vivencias, reflexiones, pensamientos, conocimientos, secretos, experiencias positivas y otras no tanto, haciendo visible su proceso de crecimiento, de innovación y maduración en lo que precisa la vocación de ser docente.

Ambas profesoras nos abren su corazón para conocer lo que han vivido dentro y fuera del salón de clases, con toda intención de invitarnos a la acción. Nos regalan esta obra, porque quieren compartir contigo y conmigo, el "poder" que tiene la educación en la formación de las personas y la transformación de la sociedad; mismo que han descubierto a partir de ser docentes, no solamente de profesión sino de vocación.

Nos llaman a revisar nuestras clases desde los ojos de nuestros alumnos y a descubrir que el "poder" de cada uno de ellos, consiste en hacerse cargo y responsabilizarse de su propio proceso de crecimiento y mejora.

Nos interpelan a examinar la mirada con la que nos observamos a nosotros mismos y a nuestros estudiantes, con la que entendemos la relación pedagógica. Nos invitan a correr riesgos, a cuidar de un manera activa, creativa y amorosa a nuestros educandos. A humanizar y resignificar el proceso de enseñar, de educar, de formar "de persona a persona".

¿Quieres descubrir este gran "poder"? a través de estas páginas encuentra algunas ideas, estrategias y consejos que te ayudarán a repensar tu práctica docente y a formular nuevas preguntas acerca de este quehacer apasionante y complejo.

Mónica García De Luca

1 El día que cerré la puerta a Maribel

Muy buenos días, chicos ¿cómo están? Nos ponemos de pie y hacemos un círculo en ¡5,4,3,2,1!

Así llena de entusiasmo y alegría han transcurrido mis últimos años en la docencia, pero todo empezó aquel día cuando le cerré la puerta en la nariz a una de mis alumnas.

Primero y, antes de iniciar a relatar esta experiencia, quiero decirte que **me llena de alegría e ilusión saber que estás leyendo este libro**, espero sea el principio de nuevas experiencias y cada una de ellas más positivas que las anteriores. Me gustaría saber ¿cómo estás? y ¿cuáles son las razones por las que este libro te ha interesado?

Aunque no puedo saber las situaciones que estás atravesando, estoy segura de que lo que estoy a punto de narrarte será sumamente útil y práctico. Deseo evitarte sentimientos de frustración y ayudarte a sortear la sensación de estar rebasado en el campo de la docencia. Este libro es una recopilación de las herramientas que me han sido útiles para desarrollar mi labor docente con pasión y con resultados de excelencia en mis alumnos. Estoy segura te ayudarán a vencer las ganas de renunciar o como dicen en México: "de querer tirar la toalla".

Algunos profesores cuando les hablo de la posibilidad de potencializar su labor docente y cautivar la atención de sus alumnos, suelen decirme que para mí es fácil porque soy creativa y capaz de controlar la situación del grupo, pero les hago ver que no siempre fue así, tuve que pasar por un proceso de aprendizaje y atravesar situaciones que me llevaron al límite. Eso me motiva a platicar mi historia.

Al iniciar mi labor docente me sentía feliz por haber alcanzado mi sueño de ser maestra, comencé a laborar como profesora titular de matemáticas en un colegio prestigioso de mi ciudad. Mi sueño nació aproximadamente a mis 12 años en mi etapa de secundaria. Me gustaban mucho las matemáticas, por lo que disfrutaba compartir mi afición con mis compañeros, a quienes explicaba los temas y resolvía sus dudas. Más tarde llegué a dar clases a mis vecinos y hasta a chicos de preparatoria. Me sentía feliz explicando, sentía una gran satisfacción cuando mis alumnos (que eran casi siempre los rezagados de sus escuelas) lograban pasar sus exámenes, me sentía muy orgullosa de mí misma; eso acrecentaba mi fascinación por la enseñanza. ¡Imagina cómo no estaría de encantada con las matemáticas, si gracias a ellas las mamás de mis compañeras me becaron para realizar mis estudios universitarios!

La ilusión que tenía por ser maestra era como experimentar nuevamente los sentimientos de mi tiempo en secundaria. Pero a medida que transcurrían los días me di cuenta de que mi deseo infantil era muy diferente a la realidad. Compartir el aula con adolescentes era un gran reto que no sabía cómo afrontar. Resultaba paradójico que precisamente con chicos de secundaria era incapaz de construir puentes que me permitieran vincular con ellos.

Recuerdo muy bien aquella época de mi primer año de docencia. Poco a poco me había convertido en una especie de maestra Tronchatoro (Véase la película de Matilda); ejercía el poder a través del bolígrafo; a la menor provocación, bajaba puntos a mis alumnos. Era a través de las calificaciones como, según yo, hacía pagar a mis alumnos su mal comportamiento. Aparentemente resultaba la amenaza perfecta para controlar a mis jóvenes inquietos, pero mis métodos no lograban encauzar positivamente sus energías, más bien aquello era una olla exprés a punto de ebullición. Había adoptado la vieja práctica del profesor estricto y autoritario, que lejos de ayudar a sus alumnos a salir de su desidia y apatía no hace más que empeorar su desempeño.

Acorde a la personalidad que había adoptado, hacía hincapié en el orden y la disciplina. En cuanto a la puntualidad: dejé en claro a mis alumnos que después de mí no entraba nadie más, eso significaba que quien llegara tarde debía esperar afuera 10 minutos. Otra variante a esta misma práctica era que si llegaban tarde no les permitiría la entrada y debían realizar las actividades afuera del salón de clases. Estas reglas cambiaban de acuerdo con mi muy personal estado de ánimo, claramente me dejaba influir por mis emociones. El control se ejercía a la fuerza por lo que la reacción de los alumnos no era nada positiva.

Como verás, los métodos no generaban confianza, más bien, hacía crecer aún más la brecha entre mis alumnos y yo. Los resultados eran opuestos a mis expectativas, porque a pesar de todos estos esfuerzos por mantener el control los alumnos parecían estar más altaneros y desconcentrados que antes, eso me generaba desánimo y molestia.

Un día soleado y desesperante, llegué desde mi habitual sentimiento de frustración a dar mis clases, determinada a controlar a mis adolescentes. Al entrar al salón, de inmediato, cerré la puerta con todas mis fuerzas; justo, a milímetros de cerrarse por completo, venía entrando Maribel y ¡zas! Le estampé la puerta en su cara. Debo aclarar que la puerta se cerraba de adentro hacia afuera y que en ningún momento advertí que ella estaba por entrar. La batiente de la puerta bloqueaba totalmente mi vista.

¡Bueno, ya te imaginarás! ¡Se armó todo un escándalo! Maribel fue corriendo a acusarme y detrás de ella iba yo como otra adolescente **con la firme intención de rendirme**.

Cuando me acerqué a mi directora le pedí la renuncia; le expuse toda mi situación, le conté de mi frustración y le di mis argumentos: le expliqué que mis alumnos no me hacían caso, no entregaban tareas a tiempo y que, con lo de Maribel, ya no podía más; era la gota que había derramado el vaso.

Ella me escuchó muy tranquila, esperó a que recobrara la calma. Me dijo que no renunciara, que yo era buena dando clases de matemáticas. Yo le respondí que no era tan buena, puesto que esos chicos no me hacían caso. Me pidió que lo pensara y así lo hice.

Cuando salí de esa breve junta todavía pensando cuál sería mi decisión; algo llamó mi atención: era Maribel en el patio central de la escuela practicando su tabla rítmica de porrista. Advertí lo contenta que se veía. Con esta imagen en mi mente me fui a mi casa. La única pregunta que me hice en aquel momento fue: **¿Qué estoy haciendo o qué estoy dejando de hacer para lograr que mis alumnos me pongan atención?**

Al tiempo que reflexionaba en esa pregunta, empecé a aclarar mi mente y de pronto tuve una especie de revelación:

¡Ellos no eran el problema, el problema era yo! ¡Ellos estaban siendo adolescentes, estaban siendo ellos mismos, tal como son a esa edad!

Al día siguiente, regresé al colegio con otra actitud, en mi reflexión encontré la solución: empecé a ver a mi clase desde la mirada de mis alumnos. Las cosas empezaron a cobrar sentido.

Descubrí que yo era feliz con mi asignatura, que el pizarrón y yo éramos uno mismo, casi casi me preguntaba y me contestaba sola porque ¡amo las matemáticas! ¿Te imaginas el sentimiento de impotencia que sentía cuando volteaba y veía a mis alumnos desinteresados, desatados, cada uno en otra cosa?

Comencé a buscar literatura, tenía que haber un método. En ese momento me comencé a interesar en conocer más sobre el aprendizaje y sus procesos.

Siempre me consideré una mujer capaz de enfrentar los retos que la vida me presentaba. En mi labor docente procuraba aprender más sobre la asignatura y ser la mejor en matemáticas, pero me faltaba algo… así en esa búsqueda fue como leí acerca de **los estilos de aprendizaje**, lo cual me ayudó muchísimo.

Esa información fue la llave para comprender a cada uno de mis alumnos: al que tenía la pierna en otro mesabanco, al que se levantaba todo el tiempo, al que se quedaba dormido, al que pedía permiso a cada rato para ir al baño, etc.

Entendí por qué no me hacían caso: porque mi manera de enseñar respondía a la manera como yo aprendí; comprendí que soy diferente a ellos y por supuesto ellos no tenían por qué ser iguales a mí.

Como puedes observar, querido maestro, en aquel momento **no atendía la diversidad del aula**, ni siquiera advertía **los estilos de aprendizaje de mis alumnos**. Seguramente tú dominas estos términos, pero ¿identificas cuál es el estilo dominante en cada uno de tus alumnos? De forma más profunda ¿Te has interesado en conocer cómo aprende cada uno de ellos de manera individual? ¿Te habías dado cuenta de que enseñamos como aprendimos?

En los siguientes capítulos verás la solución que encontré y que he madurado a lo largo de estos 18 años de docencia para poder **cautivar la atención** de mis alumnos y llevarlos a la **excelencia académica**. Deseo que puedas ver la educación desde una perspectiva innovadora.

Te invito a que juntos con nuestras fortalezas y a pesar de nuestras fallas y tropiezos, descubramos la importancia de nuestra labor docente.

Hasta aquí ¿cómo vas?

Reflexión Autoevaluación

¿Cuál es tu estilo de aprendizaje predominante?

Si tienes dudas para definirlo abajo encontrarás más información acerca de sus características.

_____

_____

_____

_____

_____

_____

De tu grupo de alumnos identifica al menos 3 de cada estilo:

Visuales	Auditivos	Kinestésicos
1	1	1
2	2	2
3	3	3

¿Quieres saber qué pasó con Maribel? ¿Qué pasó al día siguiente? ¿Si dejé de dar clases en ese colegio? ¿Si renuncié a mi anhelo de ser maestra? Lo veremos en el siguiente capítulo.

Para saber más

Estrategias de aprendizaje vs estilo de aprendizaje

En la vida diaria para conectar con el otro es necesario conocerlo, lo mismo pasa en el entorno escolar y al interior del aula. Para que el proceso de enseñanza aprendizaje sea efectivo el profesor deberá interesarse en sus alumnos para crear una estrategia que integre sus necesidades.

Estas estrategias están relacionadas con habilidades de comunicación primordialmente que te vinculen con tus alumnos lo cual no es en nada ajeno a lo que haces ya como docente, podrás ver esto a lo largo del libro.

Estas habilidades no son en realidad complejas y siendo tan cruciales no es necesario absorber grandes cantidades de conocimientos.

Como sabes cada uno de nosotros tenemos preferencia por un método de aprendizaje: algunos prefieren trabajar de manera individual otros en equipo, otros prefieren la práctica en lugar de la teoría, otros se concentran mejor con la lectura en silencio, para otros es mejor con música, y así con muchas variantes.

Esto es a lo que se le conoce como **estilos de aprendizaje**. En cada persona existe uno que le es predominante, porque para aprender utilizamos diferentes partes de nuestro cerebro; sin embargo, ha quedado demostrado que entre más estilos de aprendizaje involucres en tu proceso de aprendizaje mayor es la probabilidad de recordar la información.

Un ejemplo de esto es cuando un preescolar está aprendiendo nuevas palabras. La enseñanza es más efectiva si el maestro le muestra al niño una imagen al mismo tiempo que imita el sonido, y si además este involucra su cuerpo y le pide al escolar que repita la palabra y los movimientos después de él, el aprendizaje es más profundo.

Otro ejemplo es cuando nos quedamos capturados en la exposición de un buen orador, su estrategia es la de capturar la atención de toda su audiencia, por lo cual deberá encontrar diferentes maneras de presentar la información, de lo contrario, sólo algunos encontrarán su plática interesante, mientras que otros les parecerá aburrida o poco iluminadora.

De los estilos de aprendizaje existen muchas clasificaciones, sin embargo, una de las más utilizadas es la propuesta por Felder y Silverman en su modelo teórico de Programación Neurolingüística en la cual propone una categorización de acuerdo con los tipos de estímulos que generan una mayor atención: Los estilos de aprendizaje **visual, auditivo y kinestésico**.

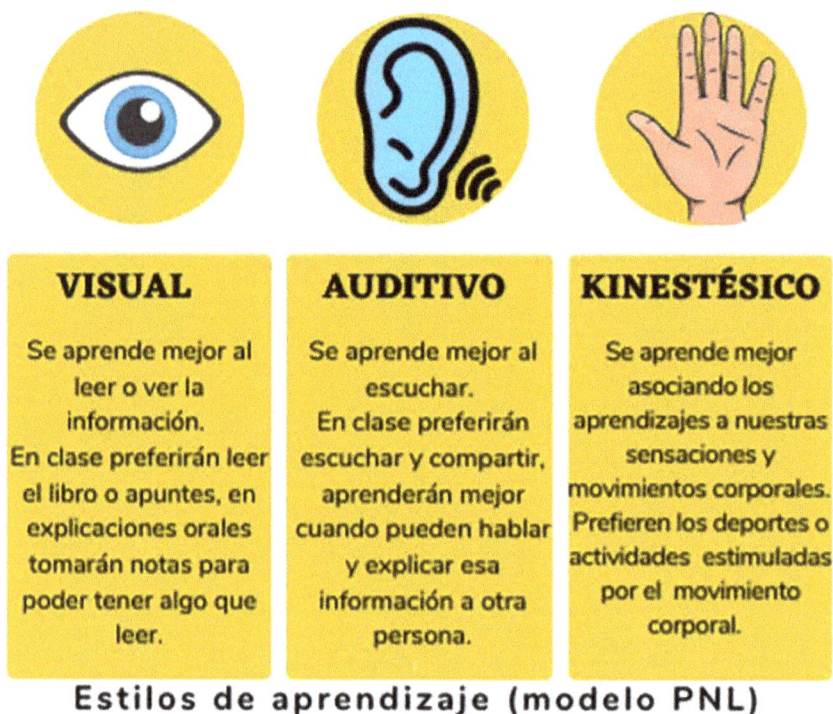

VISUAL

Se aprende mejor al leer o ver la información.
En clase preferirán leer el libro o apuntes, en explicaciones orales tomarán notas para poder tener algo que leer.

AUDITIVO

Se aprende mejor al escuchar.
En clase preferirán escuchar y compartir, aprenderán mejor cuando pueden hablar y explicar esa información a otra persona.

KINESTÉSICO

Se aprende mejor asociando los aprendizajes a nuestras sensaciones y movimientos corporales. Prefieren los deportes o actividades estimuladas por el movimiento corporal.

Estilos de aprendizaje (modelo PNL)

Figura 1.1 Estilos de Aprendizaje de PNL (Programación Neurolingüística) Fuente: Adaptado del modelo teórico de Felder y Silverman en Cazau, P. (2005)

Los estilos de aprendizaje están directamente ligados con la teoría de las inteligencias múltiples desarrollada por el psicólogo americano **Howard Gardner**. En su teoría Gardner explica que, a diferencia del coeficiente intelectual (CI), la inteligencia no es algo que se pueda medir numéricamente. No es más que la capacidad de las personas de estructurar pensamientos para convertirlos en habilidades cognitivas y acciones, mismas que pueden estar altamente influenciadas por su entorno.

INTELIGENCIAS MÚLTIPLES

Figura 1.2 Modelo de Inteligencias Múltiples de Howard Gardner.
Fuente: Adaptado de Gardner, H. (2001)

Como puedes ver todos estos elementos son estrategias que, como maestro, debemos diversificar en el aula para capturar la atención de nuestros alumnos y para que el proceso de enseñanza aprendizaje se cumpla eficazmente. Existen más estrategias que puedes explorar para enriquecer tus clases.

Cautivar la atención de los alumnos, atender la diversidad del aula y llevarlos a la excelencia académica estas son las claves de la Educación Innovadora.

Bibliografía de consulta

Cazau, P. (2005) Los estilos de aprendizaje. Generalidades. Obtenido de: Revista Estilos de Aprendizaje, n°4, Vol. 2, octubre de 2009. (Consultado el 31 de marzo de 2021): http://www.galeon.hispavista.com/pcazau/guia_esti01.htm

Cosme, P. (2019). Las inteligencias múltiples y los estilos de aprendizaje como método de enseñanza. ¿Se tienen en cuenta hoy en día en el currículo? Obtenido de forma libre en Internet.: (Consultado el 31 de marzo de 2021): https://cutt.ly/pzYL4ip

Gardner, H. (1993). Frames of Mind. The Theory of Multiple Intelligences. Nueva York, Estados Unidos de América: Basic Books.

Gardner, H. (2001). Inteligencias Múltiples. La teoría en la práctica. Barcelona, España: Paidós.

Guillén, J. C. (2013). Escuela con cerebro. Un espacio de documentación y debate sobre Neurodidáctica. Obtenido de Inteligencias múltiples en el aula. (Consultado el 31 de marzo de 2021): https://escuelaconcerebro.wordpress.com/2013/05/05/inteligencias-multiples-en-el-aula/

2 La fórmula para cautivar la atención

Seguramente te estarás preguntando por Maribel, qué pasó con ella y qué pasó con mi situación ¿quieres saber si renuncié o no?

Pues debo confesarte que… ¡a Maribel la reprobé por sus actos de rebeldía e insolencia en mi clase! (gran carcajada) ¡De ninguna manera! ¡Claro que no!, por el contrario, se convirtió en una de mis alumnas modelo y más querida. Alguien a quien siempre recordaré por el impacto que dejó en mí, no sólo porque un día le cerré la puerta en la cara sino, porque aquella situación marcó un antes y un después en mi vida profesional y como maestra.

Te platico, después de reflexionar tal y como me había pedido mi directora de secundaria, tuve lo que llamo yo, una revelación: dejé de verme a mí misma y comencé a centrarme en mis alumnos; me salí del centro del proceso de aprendizaje para identificar cuáles eran las necesidades, motivaciones e intereses de mis alumnos (mis clientes, como se dice en otros ámbitos).

Inicié este proceso desde la planeación de la clase: si realmente me interesaba en ellos (mis alumnos) debía buscar una estrategia que los motivara, es decir, empezar a planear desde su mirada.

Lo que hice en esa primera ocasión fue algo extremadamente sencillo, pero créanme muy motivador porque generó un impacto directamente en mi alumna ejemplar: Maribel. ¿Qué fue lo que hice? utilicé música.

Ese día me presenté con una actitud diferente frente a ellos y les pregunté: Chicos ¿Quieren escuchar música? A lo que todos al unísono respondieron sí, manifestando en su respuesta el enorme gusto que les representaba este pequeño giro en mi actuar docente.

El compromiso era que les dejaría la música sólo si se mantenían concentrados realizando sus actividades. Ese día les llené el pizarrón de problemas de multiplicación y división de fracciones, encendí mi reproductor y se pusieron a trabajar. Todas las estrategias debía informarlas a dirección previamente, por lo cual pedí autorización para subir el volumen y mantener la música en clase.

Al cabo de un rato se alcanzaba a escuchar uno que otro alumno gritando: ¡Miss: ¿la multiplicación es directa o cruzada?!

Ya no estaban haciendo caso a la música, ¡ya estaban haciendo matemáticas!

Es claro que no descubrí el hilo negro al incluir la música en el salón de clases, sin embargo, quiero pedirte que centres tu atención en la parte medular de esta acción que deseo se instale en tu mente…La canción que puse no fue una escogida al azar, fue precisamente con la que Maribel practicaba su tabla rítmica de porrista. Como en su grupo ella era la única en hacer esa disciplina, ella se sintió la más importante ese día.

Ese simple gesto hizo que Maribel cambiara su postura y su predisposición al aprendizaje de la materia. Enderezo su cuerpo, sacó su cuaderno (cosa que nunca hacía) y se puso a trabajar muy contenta. A partir de ese día esa jovencita jamás se volvió a comportar insolente en clase y, lo que es mejor, yo la empecé a ver con otros ojos y verme a mí misma con otros ojos.

Debido a que algo importante cambió en mi forma de ser maestra, ese cambio comenzaba a tener repercusiones en mis alumnos y créeme los alumnos lo notan de inmediato. Puedo decir que fue la primera vez que sentí empatía por ellos.

Después de esta sencilla acción centrada en el alumno, a mi mente comenzaban a llegar en cascada otro tipo de mensajes, todos positivos como: ellos están siendo adolescentes, es nuestro trabajo formarlos, ¿Cuáles son sus necesidades reales?,¿qué hay detrás de su mirada y de sus problemas aparentemente de aprendizaje?, etc.

Aquí es donde está la clave detrás de la estrategia: me empecé a interesar por mis alumnos, los empecé a observar y con esto a descubrir su mundo.

Durante estos 18 años he ido perfeccionando mi fórmula para cautivar la atención de los alumnos. Te voy a compartir lo que me funcionó para llevarlos a la excelencia académica.

Es importante establecer que esto es lo que a mí me ha funcionado. Pero estoy segura de que con las adecuaciones personales que realices a esta fórmula, podrás descubrir tu propia fórmula del éxito para llevar a tus alumnos a lograr alcanzar el máximo de sus capacidades en la materia o materias que impartes.

Fórmula para cautivar la atención de los alumnos

Son tres puntos importantes que debemos considerar al dar clases, es aplicable a todos los niveles escolares:

1. Dominio del tema.

Lo primero que tienes que asegurarte antes de pararte frente al grupo es si dominas el tema.

No hay nada más vergonzoso que dar clases de cualquier materia o grado de estudio y que tus alumnos vean que te haces bolas con los saberes, que tu conocimiento del tema es superficial o que hay cosas que no dominas. Por ejemplo, si somos maestros de matemáticas y nos equivocamos con los signos o no logramos entendernos ni nosotros mismos, o bien, si eres maestra de español y cometes faltas de ortografía; seguramente tú conoces otros ejemplos de esto.

Incluso hay ocasiones que se domina el tema, pero no la manera de trasmitirlo, más aún si tienes profesión universitaria, pero no conoces de pedagogía y didáctica. Estás en el lugar correcto, este libro te dará las claves para profundizar en temas que atienden la práctica cotidiana de la docencia.

Recuerda que nosotros como docentes prestamos un servicio y nuestro cliente principal es el alumno, así que él, es el que identifica estas cosas y se encarga de comunicar a sus pares y a sus padres qué nivel de servicio estamos dando. Ya en algunas escuelas y universidades se realizan encuestas de satisfacción en las cuales los profesores estamos siendo evaluados por nuestros alumnos y en algunas de ellas las decisiones de contrato y permanencia en la institución están ligadas a estas evaluaciones.

Ahora que estamos volcando nuestra didáctica en las clases virtuales vemos como los papás se están percatando de la carencia de conocimientos de algunos profesores, doblemente cuestionados primeramente por su desconocimiento de los medios electrónicos y luego por las ineficiencias en su materia.

Hay maestros que los aburren y otros que es un deleite escucharlos, porque se nota la pasión con la que explican y el dominio que tienen del tema.

Asegúrate antes de dar tu clase que cuentas con el conocimiento adecuado y las destrezas indispensables para impartir tu materia; si necesitas reforzar más el tema o has identificado áreas de oportunidad antes de dar la clase, prepárate mejor. ¡No hay excusas!, ahora contamos con mucha información al alcance de la mano, con un sólo clic puedes acceder a ella. No existe razón para que no domines tu materia.

En una ocasión escuché que la autoridad es prestigio y la autoridad se puede perder en un instante, al fallar en lo indispensable porque es de donde parte todo el proceso de enseñanza-aprendizaje.

2. Planear.

Planear una clase divertida, innovadora, interesante desde la mirada de nuestros alumnos.

Para ello, te recomiendo que los observes más, para que sepas cuáles son sus intereses, gustos, miedos y otras características importantes que los definan o apasionen, esta visión debe ser lo más personalizada que puedas, cada día es una gran oportunidad para acrecentar esta habilidad.

Centra tu mirada en todos tus alumnos, como te decía, en cada uno de ellos sin perder de vista aquellos que tienen más dificultad para el aprendizaje o que les cuesta más trabajo participar.

Encuentra formas de identificar cuáles son sus intereses, aunque cueste más trabajo, acercarse a ellos. Cada uno está pidiendo atención tanto los revoltosos como los muy callados.

Uno de los errores comunes en el aula es concentramos en los chicos que participan, pero si se mantiene así la dinámica por largo tiempo esta forma de trabajar podría resultar infructuosa, porque generaría poco aprendizaje en un grupo de alumnos y un ambiente poco enriquecedor.

En este punto me gustaría platicar de Adrián mi alumno altamente kinestésico, él era el chistosito del salón, el que se la pasaba hablando y cuando le encargaba una tarea nunca la hacía. A cada rato quería ir al baño.

Lo empecé a observar y me di cuenta de que el transporte escolar lo dejaba a las

6:30 a.m. Un día le pregunté - ¿Adrián, hiciste la tarea? Y me contestó (algo apenado): -no Miss, no me dio tiempo. De inmediato le dije: - no te preocupes son la 6:30 a.m. y las clases empiezan a las 7 a.m. ¡vamos a hacerla juntos! Lo sorprendí, pero accedió y lo tomó de buen agrado.

No me gustaba dejar tarea a diario, prefería los repasos en el salón de clase para asegurarme que el contenido estaba siendo clarificado al momento. Lógicamente esta dinámica con Adrián se volvió recurrente, ya le gustaba hacer su tarea conmigo, así que cada vez que les dejaba tarea le preguntaba si la había realizado y así se hizo costumbre, él por propia iniciativa se acercaba a mí con su cuaderno para hacer la tarea juntos.

En clase los alumnos eran muy competitivos tanto que, también, competían para ver quién terminaba más rápido y comprendía mejor los temas y problemas. Empecé a observar que a Adrián le encantaban mis dinámicas. Las cosas estaban cambiando para él: antes nadie quería tenerlo en su equipo, porque no trabajaba, pero cuando empezaron a ver que dominaba las ecuaciones y que terminaba muy rápido, todo mundo quería trabajar con él. Meses más tarde Adrián se convirtió en mi ayudante en el desarrollo y puesta en práctica de muchas actividades lúdicas. Con su ayuda, pude empezar a planear una clase divertida desde la mirada de mis alumnos.

3. Actitud Positiva.

¿Has escuchado o visto personas que siguen adelante aún en las dificultades o tiempos de crisis? Quizá hayas sabido de algún artista que aún en situaciones muy complicadas (estado crítico de algún familiar, la muerte de un ser querido, acusados de algún delito o con demandas civiles) en las peores circunstancias personales se paran en el escenario a cantar y a cumplir con sus compromisos.

Lo mismo puede estarnos pasando, incluso ahora mismo a nosotros, porque nadie tiene su vida en perfecto orden. Todos tenemos algo con lo que nuestra mente o corazón está luchando. Sin embargo, a pesar de las circunstancias reales de nuestra vida, nuestra actitud positiva con nuestros alumnos tiene que ser impecable, íntegra e irreprochable.

Nuestros problemas dejémoslos en el perchero antes de dar nuestras clases, se dice fácil y sé que es difícil, pero tú lo sabes bien: Los alumnos no tienen la culpa de las cosas que nos pasan e independientemente de nuestra preocupación, molestia o grado de emotividad, no vamos a solucionar nuestros problemas y podríamos agregar más cargas a nuestra lista si no reflexionamos en nuestra actitud. Es necesario separar nuestra vida fuera del aula de nuestra labor docente.

Todo pasa y seguro los problemas que pudiéramos llegar a tener, también pasarán.

Te invito a que decidas qué batallas merece la pena luchar. En una película escuché que nuestra actitud es el aroma de nuestro corazón.

¿Cómo te sientes actualmente? Si es con alguna preocupación, espero que sea cual sea el problema que estés enfrentado pase rápido, que tengas la sabiduría para tomar acción y cambiar tu realidad, porque yo sé que es posible.

Estoy segura de que puedes lograrlo porque ya estás en el carril correcto, con la actitud abierta a realizar las acciones que te permitirán alcanzar todo lo que te propongas.

Tal vez estés ante la exigencia de tus directores o superiores, ante el desafío de la tecnología, ante unos alumnos apáticos que no quieren participar o trabajar, alguna cuestión en tu familia, la carga administrativa, la impotencia de poder dar clases a todos tus alumnos desde modalidad a distancia. No importa, revisa qué si puedes controlar y qué no.

Por ejemplo: si se trata de la tecnología y el que no puedas dominar una plataforma, pues eso tiene solución y depende de ti que te busques un tutorial y lo logres. Pero si quieres que el sistema cambié o que tu director que tiene mal carácter cambie, pues, aunque te estreses eso no cambiará, concentra tus energías en lo que depende de ti y verás que muchas cosas pueden tomar su lugar apropiado.

Estos tres puntos que mencioné arriba: los tienes que llevar a cabo todos juntos y todos los días para que logres ver los resultados más rápida y palpablemente.

Es como en las dietas, sólo van a dar resultado si los llevas a la práctica todos los días. ¡Ánimo, sí es posible lograrlo!

Como podrás notar poner los tres puntos en práctica no se logra de la noche a la mañana, para poder implementarlos tuve que aprender a trasladar de forma más efectiva mis ideas innovadoras a las aulas, convencer a mis autoridades y luchar contra el ambiente laboral tradicional, algunos de estos factores tienen nombre y apellido, pero esto te lo cuento en el siguiente capítulo. Te adelanto que de sólo recordarlo siento que se me derrama la bilis.

Hasta aquí ¿cómo vas?

Reflexión Autoevaluación

¿Qué acciones has implementado que te han ayudado a llevar a tus alumnos a la excelencia académica?

De acuerdo a tu experiencia ¿Qué otras estrategias agregarías a la fórmula para hacerla más eficaz en tu realidad docente?

La Actitud Positiva

La actitud es la disposición que tenemos hacia una situación, el ánimo que presentamos al afrontarla. ¿Qué diferencia existe entre las personas que logran mantener una actitud positiva y nosotros? Son igual de humanos que nosotros.

Estoy segura de que es posible lograr mantener la actitud positiva a lo largo de nuestra vida en todas las tareas que realicemos, los resultados pueden ser espectaculares no sólo para tu labor docente sino para ti, tu familia y tu entorno.

Primeramente, es necesario identificar y romper con las creencias limitantes que construimos a menudo en nuestra mente y que de forma habitual permitimos instalar en nuestro enfoque hacia el mundo.

Las personas positivas se caracterizan por **pensamientos positivos** eso inicia con desearlo y con ganar nuestra propia estima. Construir la estima o poseer una alta autoestima no es cosa fácil, es necesario actuar, analizar y poner en práctica esta introspección para cambiar estas rutinas destructoras que internamente establecemos con nosotros mismos.

Las personas de actitud positiva suelen buscar formas creativas para mantener su ecuanimidad ante las situaciones que les son hostiles, ante la fatalidad ponen buena cara, mantienen la esperanza, perciben su presente como un regalo y anhelan el futuro porque todo lo vivido es la materia prima para construir su vida de formas más iluminadoras cada vez para poder trabajar con ánimo renovado día a día. Como resultado reciben salud y buena acogida en todos los círculos en los que se desenvuelven. Nada mal ¿verdad?

Deseo brindarte algunas pautas para que puedas iniciar a implementar acciones que te permitan desarrollar la actitud positiva en tu vida, pero es claro que es sólo una aproximación al tema, te tocará profundizar más por tu cuenta y acrecentar la lista con acciones que te acomoden mejor desde tu propia realidad y perspectiva. Al final te darás cuenta de que unos pequeños cambios pueden contribuir positivamente a desarrollar esta actitud.

Acciones para desarrollar la actitud positiva en nuestras vidas

☺ **Vive el aquí y el ahora con buen humor.**

Es frecuente que nos estemos lamentando por lo que hicimos o dejamos de hacer y estos pensamientos nublan las acciones que realizamos diariamente porque nos mantienen anclados al pasado y nos impide ver la vida con claridad.

Las personas positivas pueden reconfortarse y vivir el aquí y el ahora porque pueden reconocer que esa situación por difícil o vergonzosa que haya sido tiene en sí misma una enseñanza.

Si aprendemos a hacer las paces con nuestros errores desde esta perspectiva podremos encontrar formas más creativas de vivir para aprovechar al máximo nuestro presente.

No te tomes tan en serio, ríete de esas situaciones. Si otro las hubiera experimentado tal vez no te resultarían tan solemnes. El buen humor nos aparta del estrés nos hace ser más humanos, sensibles y compasivos hacia los errores de los demás.

Reírse de uno mismo nos permite conseguir un grado superior de autoestima porque nos centra en lo importante: en quiénes somos y del material de que estamos hechos, nos humaniza; es por eso un ejercicio muy valioso que si se practica nos llevará a la paz interior, nos ayudará a ganar confianza en nosotros mismos, se convertirá en costumbre y nos traerá felicidad.

☺ Agradece en todo momento.

Dar gracias es una costumbre arraigada entre las personas de fe, porque reconocen que todo les ha sido dado y que las circunstancias pueden cambiar en cualquier momento.

Valorar lo que tenemos es una forma de agradecimiento, agradece también a las personas que están alrededor tuyo, porque aún aquellas que representan un desafío nos regalan nuevas formas de vernos a nosotros mismos y de reinventarnos cada día.

☺ Deja las quejas y actúa para tu mejor bien.

Es preocupante que gran parte de nuestro día estén llegando a nuestra mente, ideas del por qué más que del cómo. El por qué se instala en el pasado y el cómo es una puerta al presente y nos prepara para el futuro. Ambas preguntas están especialmente relacionadas con las actividades o retos a los que nos enfrentamos diariamente.

Si las cosas van mal, toma control de la situación y actúa para tu mejor bien y el de los demás alrededor tuyo. Cambia el ¿por qué a mí? Por el ¿cómo puedo resolver esto de la mejor manera? ¿Cómo puedo ayudar?

En lugar de entregarnos a la desesperación o catastrofismo, cambia tu pensamiento y descubre las nuevas posibilidades que este reto te proporciona. Todas las vivencias nos regalan formas creativas de actuar aún aquellas que consideramos aterradoras.

☺ Aprende a identificar los factores limitantes y tu límite de tolerancia.

Es muy común que actuemos por costumbre o que por comodidad sigamos manteniendo hábitos que no nos proporcionan ningún bienestar, esto puede ser causado por el entorno, tu pensamiento o bien el grupo de personas alrededor tuyo.

Los factores limitantes son aquellos que, como su nombre lo indica, limitan tu crecimiento. Identifica qué te brinda el lugar en donde estás y las personas con las que sueles convivir. Aquellas personas que llenan tu vida de negatividad, aquel amigo que siempre se lamenta o se queja. Si no puedes persuadirlo de establecer ánimos renovados no te desgastes, porque puede ser que tú también estés contaminándote de esas formas de pensamiento. ¿Cuál es tu límite de tolerancia? El punto en el cual dejas de ser una influencia positiva para convertirte en la víctima del entorno. Evalúalo a tiempo y prefiere ambientes positivos, aquellos que te llenan de fuerza y te hacen vibrar de felicidad.

☺ Echa fuera el temor.

¿Cuál es tu mayor temor? En muchas de las ocasiones nosotros mismos nos vamos alimentando de nuestras inseguridades, creencias limitadoras y autocomplacencia. Todo esto nos debilita, el temor nace de la falsa idea del control, quisiéramos tener todo en nuestras manos y ver cómo todo nos sale de acuerdo con nuestras expectativas y poco nos dejamos sorprender.

La mejor manera de trabajar el miedo es enfrentándonos a él. Tomando las decisiones de manera informada, adelantándonos a los hechos y formándonos en los ámbitos de nuestra vida que necesitamos mejorar. Para esto es necesario que aproveches bien tu tiempo para capacitarte, para disfrutar de tu familia y para el descanso.

Mejora la comunicación contigo mismo y con los demás.

Una buena comunicación inicia con la escucha, una escucha interesada en la realidad del otro y la realidad propia.

¿Qué es lo que el otro te quiere comunicar aún con su reclamo o enojo? detrás de estos mensajes hay alguien que necesita de ti.

¿Qué mensajes te dices a ti mismo? Tú también necesitas escucharte y revisar cuáles son tus necesidades inmediatas y aprender a hablarte con amor y con respeto. No se puede dar lo que uno no tiene.

🙂 Rodéate de personas de actitud positiva.

Cuando iniciamos un proceso de cambio de actitud hacia la vida es necesario rodearnos de personas que también deseen esos mismos cambios, personas con actitudes positivas que nos contagien e inspiren, que nos ayuden a progresar y ser mejores personas. Esas personas que son nuestro modelo y mejor espejo. Personas que inyectan energía y salud vigorizante a nuestras vidas, aquellas que levantan nuestro estado de ánimo.

No vuelvas a los mismos círculos contaminantes que has transitado antes, tienes que hacer cambios e identificar si existen hábitos que te obstaculizan el camino para poder trabajar en ellos y hacer los cambios que necesitas. Busca los espacios que te forjen y te inspiren a anhelar el bien y el progreso.

☺ Aceptar y aprender de las cosas que no podemos cambiar.

En la vida nos toca vivir toda clase de situaciones, algunas nos costarán trabajo cambiar, pero habrá otras que no podemos cambiar, porque no dependen de nosotros. ¿Qué hacer ante estas realidades? ¿Estamos conscientes del costo de pelear contra una realidad inevitable? A veces estas luchas van en deterioro de nuestra salud, energía y bienestar propio y de los que se encuentran alrededor nuestro.

Los problemas son constantes y cotidianos, pero debemos estar alertas de no convertirlos en el foco de nuestra atención. Centrarnos en los problemas nos impediría ver las cosas positivas que transcurren con regularidad y son la llave para disfrutar nuestra vida aún en medio de las dificultades.

La aceptación de la realidad quizá no resulte fácil si el dolor es grande, sin embargo, las pruebas suponen para nosotros nuevas formas de aprendizaje.

Cuando parezca que los problemas no tienen solución es importante que los impregnemos de un significado más profundo para que se transformen en enseñanza que difícilmente podríamos obtener de otro tipo de situaciones.

Bibliografía de consulta

Aguilar, E. (2008). Familias con actitud positiva. México: Editorial Pax México.

Linares, J. D. (2000). Actitud Positiva. México: Octava Edición. Consultado el 2 de abril de 2021 en: http://diverrisa.es/web/uploads/documentos/optimismo/Duque%20Linares%20-%20Actitud%20Positiva.pdf

Universidad de San Buenaventura, Medellín. Consultado en el 12 de diciembre de 2021 en: https://usbmed.edu.co/noticias/ampliacion-informacion/artmid/1732/articleid/4674/comunicacion-asertiva-y-empatia

3 La perspectiva ecológica y la diversidad en el aula

En el transcurso de los años de mi andar docente he desarrollado y puesto en práctica muchas estrategias; me gusta evaluarlas observando la respuesta positiva que despierta en mis alumnos, para luego, descartar aquellas que resultan poco eficaces para los objetivos de aprendizaje. Así me quedé con las estrategias más poderosas, pero aún estas las sigo evaluando y realizo los cambios que sean más funcionales para mi audiencia. Este es un proceso que no acaba; siempre es necesario buscar, aplicar y evaluar para que tu currículo se renueve y tú mismo te sientas renovado con él.

Debo decir que mis estrategias no han sido nada convencionales; lo que me produjo, en el tiempo que fui maestra de secundaria, ser cuestionada por la directora operativa del colegio.

Recuerdo que, en una ocasión, al realizar una actividad con mis alumnos, ella (la directora operativa) se paró detrás de mí preguntándome cuál era el objetivo de la actividad. La pregunta, aunque válida, desautorizaba mi actuar docente. Ella siendo directora operativa, no sabía cuál era mi planeación ni los objetivos detrás de aquella estrategia. ¡¿Qué ganaba con opacar mi trabajo?! Lo más irritante y que vuelve a provocar una serie de sentimientos de enojo e impotencia es la manera irónica de cuestionar mi trabajo y el de los demás.

Tal vez tú tengas que franquear una figura de autoridad así: que cuestione tus métodos, aún y cuando, la evidencia y tu percepción demuestren que tus alumnos están aprendiendo; porque están logrando incorporar el nuevo aprendizaje a situaciones más concretas y, lo mejor, de una manera divertida.

Un alarmante número de maestros hace eco a esta frustración. Al parecer la mayoría empezamos nuestra vida profesional con la idea que experimentaremos sentimientos de alegría y realización, pero en vez de eso encontramos la vida escolar llena de rivalidad; un mundo en el cual nos sentimos empujados en contra de nuestros alumnos en lo que a menudo parece ser: una lucha por sobrevivir.

A veces, no nos topamos con el puesto (en este caso el director operativo) sino con la persona que representa ese puesto. Desgraciadamente y a pesar de los cambios surgidos en la enseñanza de los últimos años vemos que existen resistencias basadas en el poder que abogan por la rigidez, autoritarismo, reglamentación, rivalidad, etc.

La mejor manera de vencer estas fuerzas es realizando nuestro trabajo con disciplina, centrando nuestros esfuerzos en los alumnos y demostrando a nuestras autoridades la efectividad de nuestras técnicas; esto finalmente ayudará a reemplazar los conflictos que pudieran derivarse de nuestras nuevas formas de ver la enseñanza.

Aunque nunca entendí el actuar de esta directora, creo profundamente que cada conducta tiene una intención positiva para la persona que la ejecuta y las personas elegimos la mejor alternativa que tenemos en ese momento. Con esto quiero decir que si realizas un trabajo continuado de mejoramiento; desde una **perspectiva ecológica**, es decir, que produzca en sí mismo un bien para el entorno en el cual te desenvuelves, tarde o temprano será valioso para las personas que intervienen en él. No te desanimes, esta no es una barrera infranqueable o intransitable: cada uno tiene sus propias responsabilidades. El trabajo de ciertos actores, en el contexto escolar, es el de presentar ante sus autoridades resultados y evidencias; en su caso, deben presentarlo a los supervisores escolares. Y el nuestro como docentes es proporcionarles estos resultados y evidencias que los ayuden a realizar su trabajo de la mejor manera, aunque a veces nos cueste.

La planeación previa, la buena comunicación y la empatía puede ayudar a disminuir una gran cantidad de problemas.

Abre los ojos y mira a tu alrededor, siempre contaremos y encontraremos a nuestro paso personas que nos allanen el camino y que nos sirvan de palanca para catapultar nuestras fuerzas y crear nuevos escenarios.

En mi caso conté, en ese tiempo como docente de secundaria, con el apoyo de la dueña del colegio para realizar cada día una clase diferente. Conté con su soporte y las facilidades para hacer cosas que superaron mis expectativas. Siempre la recordaré como una gran líder que deseaba lo mejor para su plantel, le estoy eternamente agradecida.

De este apoyo recibido tengo muchos ejemplos, uno de ellos, que recuerdo con mucha satisfacción fue: la realización de *rallies* extraordinarios para mis alumnos. ¡Grandes empresas fueron patrocinadoras de estos eventos, haciéndolos lucir espectaculares!

El **rally** es una actividad que congrega a un grupo de personas. Las cuales conforman equipos, con el propósito de recorrer un territorio en un tiempo determinado, realizando acciones (pistas, acertijos o desafíos) que les permitan avanzar hasta lograr el cumplimiento del objetivo planteado.

Es importante mencionar que además de ser actividades divertidas y desafiantes en términos físicos, también reforzó el aprendizaje, motivó a los alumnos, fortificó los lazos entre ellos y dejó recuerdos maravillosos que estoy segura los inspiró a ser mejores personas en todos los sentidos.

Como puedes ver, lo que realmente me motiva a realizar **una clase diferente** todos los días son: mis alumnos, atendiendo su diversidad y los factores internos y externos que impactan sus aprendizajes; manteniendo una **perspectiva ecológica**.

Los desafíos, problemas y barreras en la enseñanza no desaparecen por sí mismos, tienen que ser afrontados, pero entre más formas de verlos tengas, más fáciles serán de resolver. Por eso te invito a que planees tus clases atendiendo a los diferentes factores como el origen sociocultural de los alumnos, sus intereses, su historia personal y educativa, sus capacidades, su estado de ánimo, motivaciones, estilos de aprendizaje; además, los aspectos administrativos propios de tu centro escolar.

Es un conjunto de tareas que tenemos que aprender a realizar, porque garantizan que nuestra labor sea más productiva en todos los sentidos. Recuerda revisar las opciones con las que cuentas y las personas que pueden ayudarte a llevarlas a cabo de la mejor manera. ¡No te limites, piensa en grande!

Otro factor que involucra la perspectiva ecológica y la diversidad del aula es cuando tenemos **alumnos con capacidades diferentes**, es necesario identificar cuáles son sus habilidades extraordinarias y no sólo enfocarnos en el problema.

Quiero compartirte una experiencia de transformación de una chica con capacidades diferentes en la cual se demuestra la importancia de identificar las habilidades extraordinarias de nuestros alumnos como apoyo a su crecimiento y aprendizaje.

Observé que Jenny tenía dificultades para concentrarse y para realizar algunas habilidades y destrezas básicas que se espera observar en alumnos de su edad, como son: la comprensión de cómo funcionan los números y cómo se relacionan entre sí, el cálculo de problemas matemáticos, el memorizar cálculos básicos, el uso de símbolos matemáticos, la comprensión de los problemas expresados con palabras, etc.

Estos síntomas me alertaban de un trastorno en el área de aprendizaje de las matemáticas que era necesario tratar y crear un ambiente propicio para que Jenny pudiera desarrollar sus habilidades matemáticas. Por lo cual planeé una competencia simultánea por equipos, en la cual reté a mis alumnos a una carrera que integraba ejercicios de cálculo y corredores para acumular puntos.

El reto consistía en realizar un ejercicio previamente proporcionado a cada equipo para después con la ayuda de su mejor corredor llegar a la meta. El equipo ganador sería aquel que lograra, además de realizar el ejercicio correctamente, llegar a la meta en el menor tiempo posible para obtener la mayor cantidad de puntos. Obviamente cada equipo tenía que escoger a su mejor corredor. Yo sabía quién iba a ganar realmente en este reto, porque había observado previamente las habilidades de Jenny y no sólo me había centrado en su problema de aprendizaje de las matemáticas. Mi alumna tenía un don nato para el atletismo.

Como parte de mi planeación personal para ese día me planteé el objetivo de hacerle el día a Jenny y de integrarla con sus pares de tal forma que pudiera generarle un ambiente de confianza para apoyarla a combatir su trastorno del aprendizaje y superar los problemas asociados a este, como son: el experimentar ansiedad, depresión, baja autoestima, pérdida de motivación, entre otros.

Jenny ya estaba experimentando estos problemas en clase: a la hora que le solicitaba al grupo hacer equipos, ella era rechazada por sus compañeros; cuando le pedía participar, se reían de ella si no contestaba adecuadamente. Estos problemas eran señales de alerta claras que me exigían tomar acción para fomentar un clima ecológico para ella.

En la competencia Jenny fue la estrella. Después de cada ejercicio le pedían sus compañeros que corriera hacia la meta, situación que aprovechó al máximo, generando la mayor cantidad de puntos. El grupo estaba entusiasmado y su equipo feliz de tenerla en sus filas.

Cuando terminó la competencia, el objetivo se había cumplido, todo su equipo celebró con ella, fue la reina del día. Una acción que la llenó de energía, la empoderó en su entorno, le permitió bajar sus niveles de estrés y aumentar su autoestima.

Aquella noche recibí una llamada que confirmó mis observaciones y superó mis expectativas: era la mamá de mi alumna agradeciéndome todo lo que había hecho por su hija, el cambio tan maravilloso que había observado en ella; su hija era poco expresiva, la escuela no le provocaba alegría, era una lucha constante y las experiencias con sus compañeros le provocaban sentimientos de inseguridad. Pero ese día, llegó a su casa vibrante, contenta y motivada; platicándole a su mamá lo que había vivido y cómo se sentía por eso.

Todo debido a que había participado con su equipo y no sólo eso, ¡sino que gracias a su participación habían ganado! Imagina lo que esa actividad le había generado, se sentía importante porque sus compañeros ahora le hablaban y habían reconocido sus habilidades. Esta actividad en particular le ayudó a concentrarse en sus fortalezas y la alentó a generar confianza a través de sus intereses.

Claramente, el plan de tratamiento de un alumno con necesidades especiales no se limita a una actividad, involucra una serie de tareas que tienen que desarrollarse en el aula en unidad con sus padres o tutores. Es un proceso que evolucionará con el tiempo. A menudo los planteles piden a los padres que se realicen revisiones con otros expertos que pueden consistir en un Programa de Educación Personalizada o de adaptaciones en el currículo.

Las adaptaciones en el aula para atender este tipo de alumnos pueden incluir más tiempo para completar las tareas o exámenes, sentar al alumno más cerca del maestro para fomentar la atención, asesorías programadas, integrar actividades que fortalezcan su estilo de aprendizaje, entre otras. Las intervenciones que realices pueden mejorar las habilidades de tus alumnos, ayudarlos a desarrollar estrategias para resolver situaciones y usar sus fortalezas para mejorar el aprendizaje dentro y fuera del ambiente escolar.

Planear una clase diferente que sea divertida, innovadora, creativa e interesante debe incluir una perspectiva ecológica que no pierda de vista la diversidad del aula. La clave para que descubras esos factores es la observación; tómate el tiempo de observar a cada uno de tus alumnos, uno a la vez. Esta observación deberá identificar para cada alumno: qué factores intervienen en el logro de los aprendizajes esperados, cuáles son sus fortalezas y cómo pueden esas fortalezas o características enriquecer el aprendizaje, qué obstáculos se presentan.

Las estrategias de enseñanza mínimamente deberán atender los tres estilos de aprendizaje básicos, es decir, abordar un tema o aprendizaje esperado desde la mirada de un alumno visual, auditivo, kinestésico sin perder de vista el entorno y las necesidades de cada uno de los alumnos.

Por ejemplo, si vas a enseñar el perímetro de figuras geométricas:

- **Al alumno visual** le ayudará que realices un dibujo en el pizarrón y subrayes el contorno de dicha figura;

- **Al alumno auditivo** le será de utilidad las repeticiones que realices verbalmente del significado, donde explicas que el perímetro es la línea alrededor de una la figura, la longitud de su entorno o la suma de la medida de todos los lados;

- **Al alumno kinestésico** le será más significativo cuando les solicites medir con su regla alguna figura o les pidas medir en su casa el contorno de algún objeto.

Es importante realizar actividades cortas que despierten su interés, que refuercen el aprendizaje, importante también que sean variadas para que todos puedan aprender y transferir a su vida real.

No se trata de hacer separaciones por estilos de aprendizaje, se trata más bien de diversificar la forma en la que se les presenta la información para que sirva de refuerzo y que el aprendizaje llegue a todos los alumnos a través de los canales que le son más sensitivos. De tal manera que el alumno que no aprendió de una manera, lo aprenderá de la otra.

No olvides que además de los estilos de aprendizaje deberás considerar los factores ecológicos arriba mencionados. Tranquilo, puede parecer abrumador, pero con la práctica todos estos elementos serán más fácilmente identificados; recuerda aplicar una estrategia a la vez.

Para avanzar en esta aventura me gustaría preguntarte si…
¿Alguna vez te has sentido el invitado especial en una fiesta?
En el siguiente capítulo hablaremos de ese invitado especial
a tu clase virtual o presencial.

Hasta aquí ¿cómo vas?

☺ ☹ 😐 😮

Reflexión Autoevaluación

Escribe tres ejemplos de cómo mantener una perspectiva
ecológica en ambientes educativos.
En tu realidad actual... ¿Cómo los pondrías en práctica?

1 _____
_____
_____

2 _____
_____
_____

3 _____
_____
_____

Piensa en tres trastornos infantiles más comunes en las aulas: ¿Qué características tienen?

1 _____
_____
_____
_____

2 _____
_____
_____
_____

3 _____
_____
_____

En caso de tener alumnos con estas características en tu plantel educativo ¿Cuáles han sido las mejores prácticas para ayudarlos a alcanzar su desarrollo académico?

_____
_____
_____
_____
_____
_____
_____
_____

La ecología del aula: los alumnos y su entorno en una comunidad de aprendizaje

Un principio central de la ecología es que cada organismo vivo tiene una relación permanente y continua con todos los demás elementos que componen su entorno.

Los seres humanos estamos diseñados genéticamente para ser sociales. Según estudios realizados por diferentes actores, entre otros Goleman, se demuestra como los seres humanos tenemos una predisposición genética hacia la empatía, la cooperación y el altruismo. Esta perspectiva nos invita a revisar el papel que desempeña la inteligencia social en las capacidades humanas y a reconocer que la inteligencia puede llegar a incluir habilidades no cognitivas, lo que precisamente hizo Howard Gardner con su revolucionario concepto de inteligencias múltiples.

Como puedes ver hay otros factores que son importantes de atender además de la dimensión estrictamente pedagógica de la tarea docente, factores que convierten el aula en una verdadera comunidad de aprendizaje.

Estos factores están compuestos principalmente por las interacciones que se generan entre el contexto y los aprendizajes que construyen los actores que se relacionan en el entorno escolar, un contexto complejo que puede fomentar o dificultar cualquier propuesta pedagógica.

Doyle, el representante más característico del paradigma ecológico, reconoce en el aula un laboratorio de construcción de conocimientos; donde se pasa de la teoría docente a la práctica, una práctica que deberá ser útil, productiva, creativa y motivadora.

Se ha llamado ecología del aula a toda esta red de relaciones afectivas y emocionales que conviven en el entorno escolar aunadas al trabajo pedagógico del profesor. Es en este ecosistema donde el profesor propicia procesos de enseñanza-aprendizaje de carácter intencional que pueden ser interpretados y evaluados para el logro de objetivos específicos de aprendizaje.

La característica fundamental del modelo ecológico es la especial consideración del aula como un espacio social de intercambio, interrelación y negociación, dentro de un contexto institucional.

Como puedes advertir y de acuerdo con este modelo ecológico del contexto escolar tu labor activa es indispensable para el logro eficaz de objetivos. La observación y la evaluación son dos de los métodos más efectivos que posees para propiciar que estos procesos e interacciones sean significativos.

Existen dos formas de acercamiento a la observación efectiva: la observación del contexto y la observación del contenido de aprendizaje. Observar el contexto te permitirá reconocer que casi todos los comportamientos son útiles en algún lugar o momento. Observar el contenido de una experiencia de aprendizaje te permitirá advertir que el significado dependerá del lugar donde optes centrarte. Ambas observaciones son necesarias.

Para una perspectiva ecológica es necesario asegurarse que todas las partes responden positivamente a las nuevas estrategias porque de lo contrario alguna de las partes podría sabotear tu labor.

Es necesario también explorar el modelo de Kolb en el cual se propone que para aprender algo debemos trabajar o procesar la información que recibimos. Kolb en este modelo identifica cuatro estilos de aprendizaje.

Podemos partir:

1. de una experiencia directa y concreta: alumno activo;

2. o bien de una experiencia abstracta, que es la que tenemos cuando leemos acerca de algo o cuando alguien nos lo cuenta: alumno teórico;

Las experiencias que tengamos, concretas o abstractas, se transformarán en conocimiento cuando las elaboramos de alguna de estas dos formas:

3. reflexionando y pensando sobre ellas: alumno reflexivo;

4. experimentando de forma activa con la información recibida: alumno pragmático.

Según el modelo de Kolb un aprendizaje óptimo es el resultado de trabajar la información en cuatro fases:

Figura 3.1 Ciclo de aprendizaje de Kolb
Fuente: Adaptado de Cazau, P. (2005)

Para garantizar el aprendizaje de todos nuestros alumnos es necesario transitar por las cuatro fases, por lo que será conveniente presentar nuestra materia planeando actividades que cubran cada fase de Kolb. Así facilitaremos el aprendizaje, independientemente del estilo más sensitivo de cada alumno, y además les ayudaremos a fortalecer las fases con los que se encuentran menos cómodos.

Bibliografía de consulta

Cazau, P. (2005) Los estilos de aprendizaje. Generalidades. Obtenido de: Revista Estilos de Aprendizaje, n°4, Vol. 2, octubre de 2009. (Consultado el 31 de marzo de 2021): https://cmaps-public2.ihmc.us/rid=1R440PDZR-13G3T80-2W50/4.%20Pautas-para-evaluar-Estilos-de-Aprendizajes.pdf

Iglesias Casal, I. (1999). Creatividad, emociones y motivación: el modelo CEM en la construcción de la ecología del aula. Oviedo: Universidad de Oviedo. (Consultado el 2 de abril de 2021):

https://cvc.cervantes.es/ensenanza/biblioteca_ele/asele/pdf/24/24_349.pdf

Mora Fandiño, B. (2013) Estrategia de aprendizaje escolar basada en principios del modelo ecológico. Bogotá: Universidad Piloto de Colombia: (Consultado el 4 de abril de 2021) http://polux.unipiloto.edu.co:8080/00000901.pdf

4 Nuestro invitado especial

Me encantan las fiestas, me siento feliz simplemente al pensar en el evento y cuando me toca a mí realizarla, pongo todo mi empeño para lograr ser la anfitriona perfecta.

Imagina que te invitan a una fiesta donde el anfitrión se esfuerza todo el tiempo para que estés cómodo y que no te falte nada. Tengo dos amigas así, son excelentes en hacerte sentir agradable y especial en cada reunión que realizan, están al pendiente de todos los detalles y tienen esa sutil manera de provocar un ambiente de camaradería y confianza en el cual eres capaz de participar, platicar y degustar como si estuvieras en casa.

Podrías pensar que una fiesta no es la analogía más apropiada en comparación con lo que sucede en el aula o actualmente en tu salón de clases, pero déjame decirte que poseen más elementos de similitud entre ellas de los que súbitamente pudieras pensar.

Me explico con más detalle: en la fiesta debes estar pendiente de la planeación, los invitados, el lugar, la temática, la decoración, entre otras muchas cosas. ¡En el aula tu alumno es tu invitado especial! para él preparas tu clase, y no sólo eso, dispones el aula, el ambiente de aprendizaje, el material, etc.

Verlo desde esta perspectiva ayuda a entender mejor la dinámica que debe reinar en el salón de clases ¿no lo crees?

Si es una fiesta, entonces debo prepararme y debo poner atención en todo aquello que permita que la experiencia de aprender sea una celebración y que cada día esta experiencia sea maravillosa y no solamente para los invitados; recuerda que la ilusión que despiertan las fiestas es causada porque también el anfitrión disfruta en ella, así es como tú debes sentirte en tu salón de clases: feliz.

En esta analogía de la fiesta puedes argumentar que no deseas ser el animador del evento y menos el entretenimiento, y es válido, por tres razones importantes: nuestro rol es diferente (desarrollaré esta idea más adelante), veamos las otras dos: la gran diferencia entre la fiesta y el aula es el motivo que los congrega y la intención que nace de una motivación generalmente diferente. En la fiesta los invitados quieren ir a divertirse, esa es su motivación interna; en el aula los alumnos van a la escuela a aprender, la motivación inicial nace en casa, de manera externa. La pregunta es ¿cómo puedo generar en ellos esa motivación interna para que deseen volver? ¿Cómo puedo desarrollar el aprendizaje en ellos para que aprendan?

Muchos profesores han encontrado en mi programa de capacitación docente **Una Clase Diferente** un cúmulo de ideas, estrategias y actividades lúdicas que les han ayudado a hacer de su clase un lugar donde se vive la fiesta, donde se viven momentos irrepetibles, especiales y memorables, donde los invitados desean repetir la experiencia. ¡Haz que tu clase sea toda una celebración!

Sin embargo, deseo explorar otra analogía para seguir afinando la perspectiva. Piensa ahora en una empresa, más específicamente en el área de producción ¿qué es lo que pides o esperas de los productos o servicios que nos brindan? Muy simple: calidad.

Te invito a reflexionar en nuestra labor docente en términos de calidad, pero ¿cómo medir la calidad en el ámbito educativo, en el servicio que brinda la escuela o más específicamente en las clases que impartimos? Primeramente, como vimos en la fiesta deseamos que nuestros alumnos (invitados) superen sus expectativas o que mínimamente las alcancen, es decir, la calidad va directamente relacionada a lo que obtenemos y en la educación debemos asegurarnos de que los alumnos logren la excelencia académica.

En el ámbito público, la excelencia académica es avalada por la propia lógica de ingreso, permanencia y egreso de los alumnos. En las instituciones privadas, el servicio educativo que se ofrece por una contribución económica debe legitimar y sostener sus principios de calidad en un delicado equilibrio: el cliente que "siempre tiene la razón" y el alumno que debe dar cuenta de saberes y destrezas si aspira a algún tipo de certificación. Esta tensión se evidencia aún más en las instituciones pequeñas y medianas donde el peso relativo de cada alumno-cliente es mayor.

¿Te has puesto a pensar en la calidad del servicio que estás prestando? ¿se cumplen las expectativas o se superan?

Piensa en los servicios más anhelados como: el disfrute de unas vacaciones en un buen hotel, un restaurante, un spa... ¿qué es lo que esperas? No interesa realmente cómo los has obtenido, si lo has comprado tú o te lo ganaste en una rifa; regalado o comprado esperas el mejor de los servicios, que se superen tus expectativas, esperas: calidad. Y si recuerdas tu última visita a un hotel o a un restaurante, lo recordarás en términos de qué tan bien o tan mal te hizo sentir esa experiencia; estás evaluando y emitiendo juicios acerca de lo que recibiste.

En nuestra profesión el cliente principal es nuestro alumno, él es el encargado de evaluar la satisfacción del servicio que realizamos y, de la misma manera que responde el comensal agradecido o decepcionado, será el encargado de divulgar la buena o mala opinión que tenga del servicio que le prestaste. Sus comentarios establecerán, como resultado de su evaluación, la reputación positiva o negativa de nuestro trabajo.

Por eso la escucha permanente, la evaluación y una sana autocrítica pueden ser cruciales para actuar en consecuencia. Debemos de asegurarnos que nuestro cliente vea en nuestro servicio la opción de calidad, innovación y valor que supere sus expectativas.

Recuerda que puede ser él nuestro más grande promotor o crítico, después de todo, él es quien comunica a sus padres: qué sucede en clase, si dominas o no el tema, si tienes control de grupo, si tienes preferencia por algún alumno, si faltas, si el director te llamó la atención… pero en lo que debemos de poner mayor atención es ¿cómo los haces sentir y si están aprendiendo?

Tengo muy presente el caso de Olga, una maestra de primero de primaria, que en su año anterior había impartido tercero de kínder. Ella procuraba adelantar contenidos de acuerdo con cómo los niños iban respondiendo, entonces sus alumnos además de revisar los aprendizajes esperados veían contenidos del nivel siguiente.

El día que la conocí, en uno de mis talleres; me platicó, muy decepcionada, que estaba a punto de renunciar. Pensaba que todo su esfuerzo había sido contraproducente, porque había tenido un desencuentro con una de las mamás de sus alumnos y, por consiguiente, una muy dura crítica de su director. ¿Pero cuál había sido el problema?

La mamá un día la llamó reclamándole el aprovechamiento de su hijo, ella percibía que su hijo no estaba avanzando, entonces la cuestionó molesta diciéndole que ¡¿cómo era posible que estaban viendo cosas de kínder?! A lo que Olga en lugar de escuchar la problemática de su cliente, le respondió también molesta. Lo malo fue que para defenderse calificó al hijo, de aquella madre furibunda, de inquieto y distraído. Por supuesto que la mamá se molestó más por su respuesta y el problema escaló a dirección. El director le llamó la atención enérgicamente, porque ya entrada en la discusión, se sintió descalificada y le ganó la emoción y porque no atendió correctamente a la mamá que también es su cliente.

Varios aprendizajes resultan de esta penosa experiencia de la maestra Olga: primeramente, no podemos ponernos agresivos con nuestros clientes, debemos saber escuchar y aprender a tomar las quejas como posibilidades de mejora, todo es aprendizaje. Olga entendió que no debe defenderse de la crítica señalando los defectos del alumno, porque para los padres sus hijos son lo primero y entendió también la importancia de escuchar primeramente a sus clientes en clase, a observar activamente y a autoevaluarse. Muchas de estas experiencias las podemos minimizar si sabemos comunicarnos correctamente con nuestros alumnos y con los padres de familia que esperan de nosotros un poco de comprensión y disposición en el trabajo de sacar lo mejor de los chicos que están a nuestro cargo. Tenemos que dejar que los resultados hablen por nosotros mismos.

En los pasillos de las escuelas se escuchan los comentarios de las mamás que dicen más o menos así: "yo quiero que le toque con la maestra Conti, porque ella los saca leyendo de preescolar", "el profesor Juanito es el mejor, porque sí sabe hablar inglés", etc. Es común que las mamás pregunten por los profesores, que quieran saber cómo son y prefieran lo mejor para sus hijos. ¿Pero cuáles son las habilidades de estos profesores que hacen que las expectativas sean superadas?

Rol del docente

Veíamos arriba que el rol del profesor es diferente a ser el de animador de una fiesta o parte de su entretenimiento. Indiscutiblemente en el aula los objetivos son mucho más exigentes, no se trata solamente de mantener el ánimo; desvirtuaríamos el poder de la enseñanza y limitaríamos irrespetuosamente nuestra labor. Entonces… ¿qué características debe tener un profesor para que estimule el interés por la clase, pero que al mismo tiempo pueda desarrollar las habilidades de sus alumnos y hacer que ellos aprendan? ¿Qué características tiene un profesor de calidad?

Tú como docente eres el líder del aula, y como tal, una de tus mayores alegrías será el corroborar que tus alumnos aprendan, pero ¿eres consciente que ese aprendizaje no se reduce a los conocimientos e información? La tarea del docente es más profunda. Como líder debes hacer conciencia que tu responsabilidad involucra además de dirigir y encaminar al éxito a tus pupilos, la de ser un líder cuya efectividad además sea la de otorgar sentido a su labor, los liderazgos se forman a partir de nobles ideales.

Aquí entra un factor adicional que desde hace algunos años también se ha incorporado a la enseñanza: el humanismo. Muy probablemente has escuchado hablar de la educación humanista.

Una de las premisas de esta corriente es el de otorgar a cada uno de los protagonistas de la educación su valor como seres humanos, impulsando la autorrealización de cada uno. Se enfoca en el desarrollo de las personas impulsando sus valores.

Bajo esta mirada humanista el rol del profesor será el de:

- Guía del proceso de aprendizaje sin autoritarismos sino a través del interés genuino y personal por cada uno de sus alumnos.

- Respetar su labor docente, aportando al alumno los recursos necesarios para ampliar su aprendizaje y desarrollar sus habilidades.

- Abierto a nuevas formas de enseñanza, capacitación continua y en búsqueda constante de nuevas experiencias con otros profesores que desarrollen y fructifiquen su labor.

- Contribuir a la educación integral del estudiante, respetando y tomando en cuenta sus singularidades.

- Facilitador de la enseñanza forjando en sus alumnos: independencia, autoaprendizaje, disciplina y espíritu colaborativo.

- Creador de un clima de confianza, donde se viva la comunicación motivadora y empática.

- Sensible a la realidad del alumno, atendiendo sus sentimientos y percepciones.

En un entorno humanista la comunidad de aprendizaje se nutre de los saberes de todos, porque se basa en la premisa de que todos tienen algo que aportar. El docente interactúa con sus alumnos en un clima de confianza, cooperativo y colaborativo. Los contenidos se desarrollan sobre temas relevantes para los intereses de los estudiantes, utilizando técnicas participativas y dándole autonomía en sus decisiones, haciéndolo responsable de su propio aprendizaje.

Somos educadores, nacimos para hacer la diferencia en cada uno de nuestros estudiantes, ellos son como barro en nuestras manos, depende de nosotros llevarlos desde el punto donde están hacia donde deben estar en el poco tiempo que están en nuestras aulas. Pregúntate ¿cómo será tu producto terminado?

Espero que hasta este punto el panorama sea cada vez más claro, que identifiques los aspectos a tomar en cuenta y tengas más herramientas para llevarlos a la práctica. Deseo que prestes un servicio de calidad que reivindique tu labor docente y junto contigo a todos nosotros, maestros comprometidos con la enseñanza y con nuestros clientes e invitados especiales.

En el Módulo 5 profundizaremos sobre Educación con calidad y calidez ¿Has tenido algún sueño que no has cumplido aún? Deseo que tus sueños no se transformen en frustraciones…

Hasta aquí ¿cómo vas?

Reflexión Autoevaluación

De las características del docente humanista, escribe 3 de ellas que te identifique más y porqué

1 _____
_____
_____

2 _____
_____
_____

3 _____
_____
_____

¿Qué áreas de oportunidad detectas en tu práctica docente y cuál es la estrategia que implementarás para lograrlo?

1 _____
_____
_____

2 _____
_____
_____

3 _____
_____
_____

Desde mediados del siglo pasado se ha escuchado muchas voces que ponen en duda la eficacia de la educación estandarizada para el logro de metas más allá del plano puramente funcional o cognoscitivo, desarrollar personas integras o ciudadanos de bien, personas con valores es mucho, dicen, para que las instituciones puedan incorporarlo en sus planes curriculares.

En realidad, muy pocos de los críticos del sistema educativo han ofrecido alternativas y remedios viables, eficientes y efectivos que lo transformen verdaderamente. En general los críticos están de acuerdo en decir que el aprendizaje recibido dista mucho del contenido de lo que se enseña o bien, que ese contenido es tan débil que fácilmente se olvida y que no hay evidencia de los aprendizajes transversales cívicos y de valores que los programas abundan en presentar en el currículum oculto de las instituciones, pero que no se evidencia en los egresados.

La visión reduccionista de la educación en donde se involucra la repetición de conceptos o procedimientos mecanizados, lamentablemente se genera cuando no estamos abiertos a renovar nuestras estrategias de enseñanza-aprendizaje o cuando no advertimos la necesidad de entender nuestro amplio campo de acción y la infinidad de herramientas con las que contamos actualmente para trabajar en nuestro salón de clases.

Una creencia general, que es necesario erradicar en nuestro ámbito escolar, es el pensar que los programas didácticos, planes educativos o directrices generales en la enseñanza nos representa más trabajo que ayuda, nada más incorrecto que esta apreciación. Es prioridad reconocer que no estamos solos, que todas estas directrices nos marcan una serie de estructuras que nos ayudan a construir con mayor eficacia el aprendizaje. Si le otorgamos valor a todos estos planes y programas que se desarrollan desde las escuelas, secretarías e instituciones veremos que nos facilitan nuestra labor y nos proporcionan más herramientas para nuestra práctica diaria, todos estos materiales que provienen de teorías educativas que además están basadas en estudios que involucran la investigación de campo, aporta elementos valiosísimos a nuestra labor.

Volver a las bases y recordar algunas de teorías educativas vigentes en la actualidad, sus representantes y aportaciones más relevantes es indispensable para fortalecer nuestra labor docente. Indagar más y estar abiertos al aprendizaje es un buen inicio para lograr un cambio en la educación y los resultados positivos en el aprendizaje de nuestros alumnos.

La corriente socio-constructivista

La teoría constructivista basa su postura en el alumno colocándolo como eje rector del proceso de enseñanza-aprendizaje. A diferencia de la teoría conductista donde el conocimiento que se impartía debía ser aprendido de memoria y de forma generalizada, en el constructivismo se hace hincapié en la capacidad que tienen los alumnos de desarrollar su propio pensamiento y cómo estas estructuras de pensamiento se desarrollan y fortalecen en el contacto con otros y con el entorno.

Las aportaciones de la obra de J. Piaget con su aplicación del juego a la enseñanza en estrategias lúdicas y el enfoque social de la enseñanza de Vygotsky sirve de base al constructivismo contemporáneo, corriente de gran aplicación en la práctica educativa actual, la cual como veíamos anteriormente identifica al alumno como el eje de la enseñanza y constructor de su propio desarrollo.

Es por esta razón que se fomenta en la práctica el uso de estrategias que involucren la colaboración y aprendizaje colaborativo para fortalecer la enseñanza de contenidos en niveles más profundos, así como otras áreas de crecimiento personal que involucra el ser social de la persona, la confianza, la autonomía y el compañerismo tan necesarias en las cada vez más exigentes sociedades de la actualidad.

J. Novak y D. Ausubel, son dos de los representantes más conocidos del constructivismo, ellos identificaron como uno de los elementos más importantes para el aprendizaje significativo el conocimiento previo, denominado también como ideas de anclaje o de afianzamiento. Donde se reconoce la individualidad de los estudiantes y cómo el proceso de aprendizaje se produce sólo como resultado de la interacción entre la nueva información y la ya existente en las estructuras cognitivas del alumno. El nuevo conocimiento al relacionarse con la información ya existente del individuo produce aprendizaje significativo.

De acuerdo con Piaget, la manera de manifestarse la inteligencia es el pensamiento y este es la base en la que se asienta el aprendizaje. La inteligencia desarrolla una estructura y un funcionamiento que modifica la estructura de forma continua. La construcción se hace mediante la interacción con el medio ambiente.

Las ideas principales que aporta esta visión con relación al proceso de enseñanza aprendizaje son:

1. El centro del aprendizaje es el estudiante, siendo el profesor un orientador y/o facilitador.

2. El aprendizaje requiere una continuidad o secuencia lógica y psicológica.

3. Las diferencias individuales entre los estudiantes deben ser respetadas.

Como docentes, es necesario comprender que el aprendizaje es personal, centrado en objetivos y que necesita una continua y constante retroalimentación.

Como puedes corroborar el logro de las metas en el aprendizaje del estudiante parte de la estrategia de enseñanza- aprendizaje que implementes en el salón de clases. De lo antes mencionado podemos identificar la importancia de:

- El currículo o programa curricular.

- Los objetivos de aprendizaje.

- El conocimiento previo o anclaje.

- La individualidad y complejidad de cada estudiante (factores internos y externos).

- La interacción o la dimensión social de los individuos.

- Las estrategias de enseñanza- aprendizaje que estimulen e involucren todos estos elementos.

- Retroalimentación.

- Evaluación, autoevaluación y Resultados.

Nuestro papel es el de ser orientadores y facilitadores de aprendizaje de nuestros alumnos, de tal manera que nuestro compromiso no debe centrarse en enseñar sino en apoyar al estudiante a aprender y ser mejores personas.

Bibliografía de consulta

Saldarriaga Zambrano, P., Bravo Cedeño, G., & Loor Rivadeneira, M. (2016). La teoría constructivista de Jean Piaget y su significación para la pedagogía contemporánea. Revista Científica Dominio de las Ciencias (2), 127-137. Recuperado el 15 de abril de 2021, de La teoría constructivista de Jean Piaget y su significación para la pedagogía contemporánea | Saldarriaga-Zambrano | Dominio de las Ciencias

Tünnermann Bernheim, Carlos (2011). El constructivismo y el aprendizaje de los estudiantes. Universidades, (48),21-32. Recuperado el 24 de abril de 2021. Disponible en: https://www.redalyc.org/articulo.oa?id=37319199005

5 Educación con calidad y calidez

Uno de los momentos más creativos que puede tener una persona es cuando sueña despierto. Dentro de todo ese cúmulo de imágenes que se entrelazan en el pensamiento se va armando un rompecabezas de ideas y de anhelos que nos hace sentir bienestar y es ahí cuando la magia comienza a aparecer, en ese estado de recogimiento interior es cuando ideamos y creamos.

Mantener ese estado es muy complicado, sobre todo cuando no ejercitamos esos estímulos por la gran cantidad de actividades que realizamos o por el ruido interno o externo que existe y que nos desconcentra.

Este estado creativo (libre de ruidos) es el que nuestros alumnos deben de alimentar. Nuestra labor es importantísima para que la creatividad aflore, porque podemos con nuestras palabras ayudar a alargar estos estados de bienestar.

Lo que decimos y dejamos de decir alimenta estados de creatividad o de ruido en nuestros alumnos. Es sumamente importante establecer que la forma como convertimos eso que nos comunican debe transformarse en alimento saludable y nutritivo para su mente. Piensa en esto: los alumnos que son escuchados por sus maestros invariablemente experimentan un sentido de más valía e importancia.

La satisfacción de ser comprendido aunado a la validación de sus sentimientos hace que los alumnos se sientan bien consigo mismos y que respondan positivamente a los retos que el profesor les realiza. Es por lo que la enseñanza la veo también como una forma de amar, precisamente porque puedes sacar lo mejor de cada uno de ellos e inspirar a que sueñen, alcancen sus sueños y creen otros aún mayores.

Cuando la relación maestro y alumnos producen interés y respeto, el aprendizaje fluye, se eliminan barreras en la comunicación y se construyen puentes. Si te fijas bien los alumnos no alborotan ni ocasionan problemas a los maestros que respetan, de tal forma que el tiempo que antes se utilizaba para resolver casos de disciplina puede ser utilizados en la enseñanza y el aprendizaje.

Para mi primera conferencia: **"Una Educación con Calidad y Calidez"**, quise profundizar en estos temas porque me parece sumamente importante resaltar que no basta con ser un buen profesor en su área de conocimiento, sino que deben de explorarse y promoverse estos otros factores humanistas que hacen grande a la educación y a veces no reflexionamos en ellos. Y lo más seguro es que en la práctica ejecutamos algunos de ellos; si fuéramos más conscientes posiblemente podríamos transformar más vidas significativamente.

Fue en los años sesenta en el entorno cultural específico producido por la Guerra Fría, en plena competencia por llegar a la luna, cuando inicia una serie de reflexiones acerca de la importancia de la educación como motor de desarrollo. Grandes instituciones se dieron a la tarea de identificar las características de las escuelas efectivas y eficaces, se empieza a considerar el término calidad en la educación, se desarrollaron planes para impulsar la innovación y planes para el desarrollo de programas de educativos para los diferentes países involucrados.

Vemos como la calidad se establece como uno de los elementos importantes para este nuevo rumbo en la educación, tomado el término de calidad acuñado por las empresas, para determinar la eficacia de la educación concebida ahora desde la perspectiva de la importancia para el desarrollo.

Los primeros teóricos de la calidad en la educación centran su enfoque en la incidencia del docente en la calidad de la enseñanza, donde se apuntaba que la calidad en la educación dependía de las habilidades y personalidad del profesor. Factores que sin duda son importantes, pero que sabemos no son los únicos a considerar. Esta visión de calidad ha evolucionado con el tiempo y se ha nutrido de muchas otras teorías de la enseñanza que dan equilibrio y atienden otros aspectos más humanos en la educación.

Tengo mi propia visión de calidad en la educación, la resumo en una frase: **lograr ser eficiente y eficaz**. Se dice fácil, pero implica muchas cosas, es mi sueño y misión en el campo de la docencia: que en mis clases se atienda a la diversidad del aula, que cada estudiante logre alcanzar sus objetivos y más grande desarrollo; que mi curso sea significativo para el acontecer de mis alumnos, llevar a los alumnos a la excelencia académica, que logren sus sueños y que estén abiertos a crear otros nuevos.

Cuando yo era niña, era una alumna aplicada, llevaba las mejores notas a casa, en México decimos que era una alumna de puro diez, es decir que lograba obtener la nota más alta en la calificación; pero si por alguna razón llevaba a casa una nota inferior, por ejemplo, un nueve, mi mamá me preguntaba: "¿qué te faltó?"; en ese momento me sentía triste, aunque me ponía a reflexionar y trataba de ser mejor la próxima vez y no cometer el mismo error. Analizándolo desde otra perspectiva, y ya más grande por supuesto, eso me hace pensar que no somos perfectos; pero si perfectibles, siempre podemos ser mejores docentes que el día anterior.

Cada vez que damos una clase hay este momento de retro-alimentación interna, donde te cuestionas los resultados y la efectividad de las estrategias utilizadas y si pudo haber sido mejor. Aprovechemos ese tiempo para identificar cómo podemos ser mejores y ser más efectivos.

En los primeros años de mi labor docente empecé a observar el desempeño académico de mis alumnos como respuesta a las estrategias que iba aplicando. Muchas de ellas las eliminé para siempre y otras solo las adapté para tener mejores resultados. Es un ejercicio que me sirve muchísimo.

Lo considero una práctica fundamental en la labor docente. Te invito a que dediques un tiempo al día después de tus clases para que reflexiones qué te funcionó y qué no te funcionó. Es importante que lo realices lo más pronto después de dar tu clase para que las reflexiones sean más ricas y contundentes. Esta es una práctica que me ha funcionado mucho para planear cada una de las actividades y dinámicas en clase, porque puedo ser más efectiva en mi práctica docente, identificando factores favorables para diferentes tipos de audiencias y para diferentes tipos de saberes que deseo reforzar con mis alumnos.

En mis cursos de dinámicas virtuales tengo una sección donde por equipos los docentes de manera rápida tienen que comentar qué les ha funcionado en los ambientes virtuales. Las experiencias han sido fenomenales, porque hay un esfuerzo individual por traer a la mesa las mejores experiencias, se construye una atmósfera donde todos los maestros están en la misma sintonía y aunque no hay mucho tiempo para profundizar, los profesores al escuchar a sus compañeros ya están ejercitando la autoevaluación e identificando las cosas en común o nuevas que fortalecen su práctica. Este es uno de los momentos más ricos de aprendizaje, que disfruto muchísima y que definitivamente hacen falta.

Otra de las cosas que encontré a raíz de la investigación para mi conferencia es precisamente que en una educación de calidad debe estar implícita la calidez. Como vez todo está ligado, aquí se hace evidente el sentido humanista en la educación, tal como lo comentábamos en el capítulo anterior.

La calidez es todo lo que humaniza a la educación, es donde se integran los valores más profundos de todo ser humano, asumiendo a nuestros alumnos como personas en el sentido más profundo de la palabra y su significado, es decir dotados de dignidad y revestidos desde dentro por las virtudes más sublimes.

Cada docente deba ser consciente de los valores que asume y promueve, que estarán alineados a la Institución en la cual labore, tal consciencia deberá ser explícita y testimoniarse en todo el personal directivo, docentes, alumnos y familias, y también ser visible en los contenidos, metodologías y estructuras administrativas, la práctica docente.

Cuando hablamos de calidad y calidez en la educación queda claro que el desarrollo de cada uno de nuestros niños, jóvenes o adultos dependerá de muchos factores, pero que pueden resumirse básicamente en tres actores de la educación: escuela, padres, alumnos. Este trinomio es el núcleo clave de la educación.

Aunque no podemos controlar todo, lo que si podemos es agotar todos los recursos para que nuestros alumnos desarrollen no sólo nuevos conocimientos sino habilidades, valores y actitudes de excelencia para la vida, donde vendamos sueños, vendamos posibilidades de alcanzarlos y crear nuevos. Donde contribuyamos a cambiar la realidad de los alumnos, del nivel donde están a donde deberían llegar al finalizar el ciclo.

Ahora pienso que cuando era como "la maestra Tronchatoro" no dejé una huella tan positiva en mis alumnos, precisamente porque no tenía interiorizado la calidez en mi práctica, me limitaba a la calidad en términos de la práctica didáctica y pedagógica atendiendo únicamente las necesidades del contenido. No escuchaba activamente las necesidades de mis alumnos.

Aún recuerdo las palabras que le dije a un alumno cuando intentaba decirme que estaba equivocada en una operación matemática, y aunque no lo estaba, mis palabras fueron: "¿Cómo vas a saber más tú que yo? si yo te lo expliqué. Y aunque en su momento le pedí disculpas a mi alumno, a mí me duele recordarlo. Me pongo a pensar en cómo podemos destruir el entusiasmo de nuestros alumnos y limitar sus sueños por las palabras y actitudes que no promueven su desarrollo, sino que por el contrario lo limitan.

De ahí la importancia del docente humanista, que tiene que saber escuchar y saber que un ambiente de aprendizaje todos aprendemos y que nuestros alumnos también detonan el aprendizaje en nosotros.

Te invito a que edifiquemos con nuestras palabras y como dicen los alumnos que, si nos enojamos, no digamos cosas hirientes, sí es importante que reprimamos la acción incorrecta, pero no a la persona.

Me gustaría que en este momento pensarás cómo te gustaría que fueran tus alumnos, qué características te gustaría que tuvieran, ¿porque qué crees? En el siguiente capítulo ¡ellos hicieron su cartita a Santa Claus, pidieron a su maestro ideal!

Hasta aquí ¿cómo vas?

☺ ☹ 😐 😮

Reflexión
Autoevaluación

¿Qué características tienes o necesitas desarrollar para dar una educación con calidad y calidez?

1 _____
_____
_____

2 _____
_____
_____

3 _____
_____
_____

Las competencias y la educación del Siglo XXI

Uno de los retos educativos que nos plantea el S. XXI es el de entender a la educación como una herramienta para el aprendizaje para la vida, donde la participación es necesaria para la construcción de un aprendizaje en sociedad. Recordemos la necesidad de formar para la vida en sociedad: saber, saber ser, saber hacer y aprender a vivir juntos.

Para dejar atrás la educación centrada en la mera transmisión de conocimientos, los centros educativos han comenzado a diversificar sus planes de enseñanza y comenzado a incorporar otras estrategias para ir más allá y formar al alumnado en una serie de competencias básicas que les permitan seleccionar críticamente la información y afrontar los retos que plantea una sociedad en constante cambio.

El aprendizaje por competencias se centra en la necesidad de concretar y medir en logros observables y cuantificables los aprendizajes alcanzados por los estudiantes. Algunos autores definen el aprendizaje por competencias como la habilidad de satisfacer demandas complejas con la ayuda de recursos psicosociales en un contexto social, esto incluye habilidades prácticas, actitudes, conocimientos reflexivos y valores éticos. De donde las competencias clave o básicas son aquellas que las personas necesitan para su realización y desarrollo personal.

Como es fácil de entenderse son los profesores los encargados de implementar este enfoque en el aula y los que podrán reforzar las competencias en sus alumnos a través del diseño y planeación de técnicas que dispongan el mejor resultado para el cumplimiento de los objetivos trazados.

La cooperación entre pares es una de las vías más eficaces para cumplir con estos objetivos de aprendizaje, tanto para los que son ayudados por otros, como para los que saben más y ayudan a emplearlo en contextos diversos y transferirlo a nuevas situaciones. Esta cooperación dentro del salón de clases estimula la solidaridad y la equidad en clase como una forma de practicar conductas que estimulen la convivencia y desarrollo de las diferentes habilidades de cada compañero. Lo mismo es aplicable para el profesorado que convive entre sus pares y encuentra sitios que les permita desarrollar nuevas habilidades para poner en práctica en su salón de clases.

Los desafíos causados por los últimos acontecimientos en el tema de la salud mundial que hemos experimentado nos han demostrado la necesidad imperiosa de estar conectados a una red de apoyo para desarrollarnos cada vez mejor en las habilidades que nos son ajenas y que otros pueden reforzar.

Los foros de aprendizaje y de convivencia han sido una verdadera fuente de capacitación y de cooperación ante una realidad que nos alcanza. Los profesores no podemos quedarnos atrás en el aprendizaje de la tecnología, es urgente este conocimiento, pero más aún la capacitación en los temas que involucren el aprendizaje para la vida y la convivencia. ¿Cuáles serían estas nuevas formas de trabajo que apoye el aprendizaje por competencias? Primeramente, la transformación de la percepción del salón de clases que debe convertirse en una verdadera comunidad educativa donde se promueva la participación y la reflexión.

Teoría humanista

La teoría humanista nace de los planteamientos desarrollados por Carl Rogers y John Dewey, surge como una alternativa a la visión conductual y psicológica del ser humano.

Dentro de la educación se conoce como psicología humanista, orientación o teoría humanistas a la corriente de pensamiento en la cual se pone el énfasis en el desarrollo individual y se destacan los aspectos creativos y personales de cada sujeto; con una concepción optimista del ser humano. Aspectos que permitan a los individuos el desarrollo de sus propias potencialidades a través de la creación de un ambiente propicio para el aprendizaje donde las personas puedan crecer.

La principal tarea del educador humanista es la de que las personas encuentren lo que son en sí mismas, alentándolas a alcanzar su propia potencialidad. Para este tipo de profesores el aprender es sinónimo de descubrir, el profesor humanista adapta la mayéutica para colaborar en el desarrollo de personas más espontáneas, auténticas y conscientes de su ser social e individual. El educador humanista fomenta el desarrollo en una atmósfera de creciente autoconocimiento.

Las siguientes son cinco ideas importantes para la implementación de un enfoque humanista en el aula:

1. La actividad intelectual y el progreso personal se desarrollan e incrementan en un ambiente de armonía interpersonal y de cálida comunidad. Por lo que las prácticas autoritarias que involucren el temor y la ira son eliminadas por ser destructivas para la actividad mental.

2. Establecer las bases de la convivencia mediante la claridad de las normas en clase y en el entorno escolar donde se establezcan los deberes y

sanciones en caso de no actuar de acuerdo con las normas establecidas.

3. Implementación de estrategias educativas que aboguen por el respeto, la comprensión, la tolerancia, la transformación de estereotipos y la promoción de valores bajo la perspectiva de los derechos humanos.

4. Propiciar espacios de diálogo, reflexión y tolerancia donde se reconozcan los derechos y ejercicio de los deberes. Donde todos aportan y todos son importantes.

5. La visión de los alumnos como seres humanos capaces cuya participación es indispensable para el desarrollo de sus capacidades, para el desarrollo de toda la comunidad educativa y sociedad.

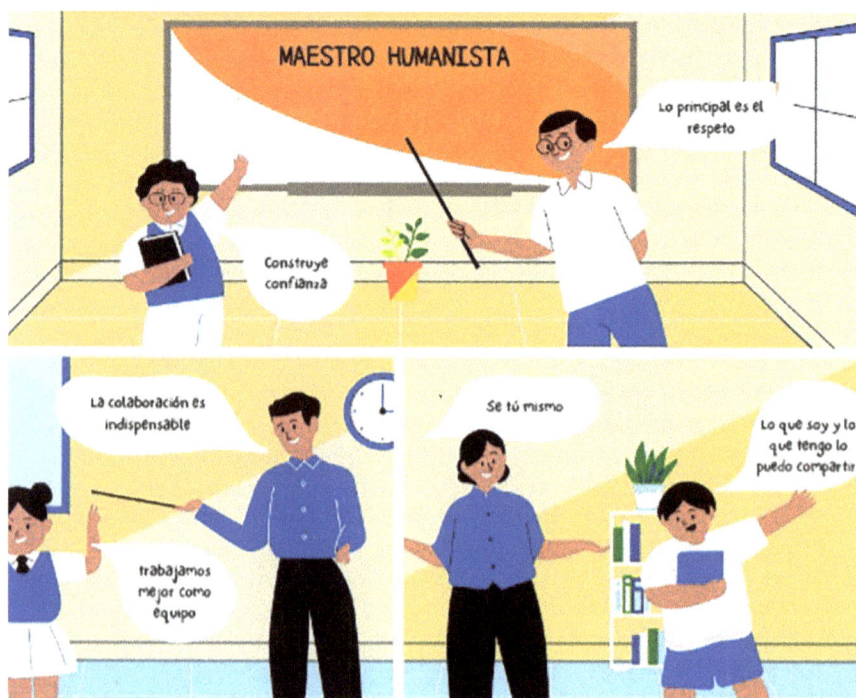

Figura 5.1 Maestro humanista

Figura 5.2 Maestro tradicional vs Maestro humanista

Fuente: Adaptado de Rodríguez, J. (2013) y Selva, A (2014)

DELORS, Jacques. La educación encierra un tesoro. Madrid: Santillana, 1966

https://rieoei.org/historico/documentos/rie23a07.PDF

García, L. (2011) Convivir en la escuela. Una propuesta para su aprendizaje por competencias. Ministerio de educación Perú. Recuperado el 26 de julio de 2021 en: http://repositorio.minedu.gob.pe/handle/20.500.12799/1046

Libro: Cepeda, J. M. (2013). Estrategias de Enseñanza para el aprendizaje por competencias. Digital UNID. Recuperado el 20 de julio de 2021. Consultado en Google Books. https://bit.ly/3i2Q5Jc

Rodríguez, J. (2013). Una mirada a la pedagogía tradicional y humanista. Recuperado el 27 de julio de 2020. Consultado en: http://eprints.uanl.mx/3681/1/Una_mirada_a_la_pedagog%C3%ADa_tradicional__y_humanista.pdf

Selva, A. (2014). Maestro tradicional vs Maestro innovador. Recuperado el 26 de julio de 2021. Consultado en: http://adrianselva.blogspot.com/2014/04/maestro-tradicional-vs-maestro-innovador.html

Plan de estudios SEP pp. 35 a 39. Recuperado el 12 de diciembre de 2021 en: https://www.gob.mx/cms/uploads/attachment/file/20177/Plan_de_Estudios_2011_f.pdf

6 Alumno ideal vs maestro ideal

¿Qué características tiene tu alumno ideal? ¿Lo has pensado? Autodidacta, curioso, feliz, inquisitivo, que le guste aprender, comprometido, responsable con sus tareas, inteligentes, participativo… y podemos agregar más a la lista. Antes de realizar tu propia lista te invito a hacerte estas preguntas: ¿Para qué haces lo que haces?, ¿Qué rasgos debe tener el maestro para desarrollar estas características ideales en el alumno?

Como puedes darte cuenta, el maestro y el alumno en el salón de clases se complementan y ambos hacen sinergia para desarrollar en cada uno sus mejores o más desafiantes cualidades.

Una de las experiencias más iluminadoras de lo anterior lo vivieron algunos expertos en psicología cuando en un estudio para medir cómo las suposiciones o creencias internas de los profesores determinan el grado de progreso de sus estudiantes. El estudio lo conformaba una muestra de alumnos de características regulares, se dividió en dos grupos. Al maestro del grupo A se le dijo que sus alumnos eran superdotados, al maestro del grupo B se le dijo que tenía un grupo de alumnos con notas bajas o reprobatorias. ¿Cuál fue el resultado? Que los alumnos del grupo A terminaron con notas extraordinarias, desarrollaron mayores competencias y habilidades. El grupo B obtuvo resultados deficientes.

Cuando identificamos las características que deseamos tener en nuestros alumnos es importante valorar que nosotros como docentes somos los que ayudarán a que estas características se desarrollen. El cómo los vemos y los pensamientos de satisfacción o derrota que cargamos en nuestra mente como un sistema de creencias puede limitar la experiencia de lo que podemos lograr en clase.

Es importante además afinar nuestros sentidos para poder escuchar la voz de nuestros alumnos, cuáles son sus necesidades reales, no lo que desean o expresan, es ir más profundo: ¿cómo puedo acompañarlo mejor en su proceso de aprendizaje?

Saber de viva voz qué es lo que desean nuestros alumnos nos ayuda a darnos cuenta de lo que ellos necesitan de nosotros, no lo que les gustaría obtener. Recuerda que los individuos somos benevolentes con nosotros mismos, por lo cual, el alumno de entrada te pedirá poco; tú deberás disuadir y disponer su actitud para el aprendizaje para pasar de la etapa de letargo inicial al entusiasmo por aprender hasta que puedan reconocer que en un proceso de aprendizaje se requiere disposición de todos los involucrados. Como ves este es un tema complejo, pero nos permite situarnos en la perspectiva adecuada de nuestra labor.

Recuerdo muy vivamente una ocasión en mi proceso de transformación de la maestra Tronchatoro a la maestra Ximena (novela carrusel), se me ocurrió pedirles a mis alumnos que me hicieran una crítica constructiva acerca de mi desempeño; que evaluaran mi trabajo como su maestra. Les pedí que hicieran sus comentarios sin reservas para poder identificar mis áreas de mejora. Así que sus comentarios debían de realizarlos de manera anónima. Algunos de ellos extrañados y dubitativos me replicaban que no había forma de ser sinceros, porque por la letra seguramente yo iba a "descubrir" al autor de los comentarios, a lo cual les pedí que entonces hicieran letra distinta, pero que trataran de seguir las instrucciones solicitadas.

Jamás esperé las respuestas que me dieron. Respuestas que aún conservo en papel a más de 17 años de aquella consulta. Genuinamente yo quería saber las opiniones de mis alumnos para poder mejorar mi clase. Me gustaría enfatizar que, aunque yo era muy estricta, quería que aprendieran y trataba de depurar mis técnicas para lograrlo.

La sorpresa que me llevé en aquel momento fue tremenda, me hicieron comentarios de todo tipo, aunque debo decir que algunos de esos comentarios llegaron a lo profundo, lastimaron mi ego y la idea que tenía de mí misma.

Algunas de las notas escritas por mis alumnos y que fueron más significativas para mí en aquel momento, más o menos se leían así: "Ya estamos hartos de que nos tome el tiempo"; "no nos cuente de su hijo, *We don´t care*"; "siempre trabaja con sus preferidos".

Con el tiempo cada vez que planeaba mi clase, recordaba aquellas frases, y gracias a ellas, modifiqué algunas de mis técnicas y herramientas utilizadas. Entonces en lugar de hablar de mi persona, trataba de conectar con ellos y además traer a cuento sólo aquellas cosas que realmente reforzaban el conocimiento de mis alumnos o aportaban ejemplos prácticos, por ejemplo, cómo utilizaba las matemáticas cuando trabajé en una empresa coreana o la importancia del inglés para trabajar con empresas transnacionales.

Sin embargo, fue la última vez que hice el sondeo de esa manera, porque realmente los niños y adolescentes todavía no tienen muy desarrollados ciertos filtros en la comunicación, así que, son directos y sus comentarios suelen parecer crueles. Tienden a ser hedonistas, es decir se enfocan en ellos mismos, en lo que les produce placer y generalmente prefieren lo que les resulta divertido y por lo cual desean no enfocarse en las cosas que les implique esfuerzo como son sus tareas.

Se requiere mucha madurez para la gestión adecuada de la crítica. En mi caso en aquel tiempo estaba aprendiendo a manejar mis emociones, eso me sirvió para tomar con madurez sus respuestas, quise identificar aquellas cosas verdaderamente importantes para el aprendizaje y no crear un debate. Por lo que me centré en lo importante y me esmeré por buscar más estrategias de enseñanza para apoyar su desarrollo.

Años más tarde, volví a hacer un sondeo. El enfoque de la pregunta fue distinto, no deseaba colocarme en un estado vulnerable nuevamente ni a ellos tampoco. Por lo cual, mi pregunta fue la siguiente: Si pudieras hacer una carta a Santa Claus ¿Qué características tendría tu maestro ideal?

Me sorprendí muchísimo de las respuestas, la pregunta había generado empatía y además colocó a los alumnos en un estado creativo y generador de experiencias positivas. Advertí similitudes en sus preferencias; en general de sus respuestas pude resumir lo siguiente:

Qué seamos empáticos y divertidos. Desean profesores que los preparemos para el futuro, que todos los días nos levantemos con muy buena actitud, que dominemos el tema, que nuestras tareas en verdad sirvan para algo, que si nos enojamos no digamos cosas hirientes, entre otras.

Este mismo ejercicio lo realicé con alumnos de los tres grados de secundaria. Para mi muchas de sus respuestas siguen teniendo resonancia aún en día, porque son las expectativas que tienen de sus profesores, cosas muy elocuentes y necesarias para lograr su máximo desarrollo. Sigo aprendiendo y tratando de corresponder a estas expectativas en un proceso de transformación interior que no se acaba.

Al final de este capítulo encontrarás algunas de las cartas resultado de esta actividad. ¡Estoy segura serán de gran ayuda para entender un poco más qué es lo que los alumnos esperan de nosotros!

Te invito a realizar esta actividad con tus alumnos donde puedan también expresar lo que desean de su maestro ideal. Independientemente del nivel escolar en el que se encuentren, tendrán mucho que decir para modelar lo mejor de ti mismo para el desarrollo de tu labor docente.

Deseamos que los alumnos se desarrollen y sean mejores personas, revisa qué es lo que esperan para identificar esos rasgos que todavía no has incorporado, que nuestros alumnos desean advertir en ti y que puede contribuir a su desarrollo. Te sorprenderás estoy segura porque indudablemente te lleva a una reflexión interior profunda.

Esta pregunta me gusta hacerla de vez en vez, definitivamente en cada ocasión se aprende algo nuevo que me lleva a reflexionar de maneras distintas sobre lo que hago y por qué lo hago.

Tengo muy presente uno de mis talleres presenciales en donde una de las maestras llegó acompañada de su hijo de 8 años, no tuvo con quién dejarlo. Era un pequeño muy servicial, rápidamente se ganó el cariño de todos los presentes; me ayudó durante todo el taller en diferentes tareas; se involucró como si fuera parte del grupo. Su presencia me ayudó a corroborar que las dinámicas eran realmente divertidas.

En uno de los recesos me acerqué a él y le pregunté: ¿cómo sería tu maestro ideal? A lo que me respondió de inmediato: "que me acepte como soy y que no grite tanto". Me sorprendió lo rápido que me contestó y lo claro que tenía la respuesta. Creo que es porque realmente le importaba.

Esta pequeña anécdota me hace pensar en mis alumnos: son muchas horas de esfuerzo las que invierten asistiendo a clase y aunque a veces reflejan poco interés, la escuela les importa.

Es por eso por lo que doy importancia a todas las respuestas, porque me ayudan a entender la realidad de los alumnos, la necesidad que tienen de ser escuchados y corroborar una vez más que como personas necesitan lo mejor de nosotros.

Esta actividad de la carta a Santa Claus, como te mencioné arriba coloca a la persona en un estado creativo porque lo asocia a una experiencia significativa, por eso es de gran valor. Precisamente por esta razón también me gusta incluirla en mis cursos presenciales, pero dándole un ligero cambio. A los profesores prefiero preguntarles: ¿Cómo sería tu alumno ideal? Algunas de las respuestas más comunes son:

Alegre, feliz. Cuando responden esto me gusta interpelarlos diciéndoles que lograr este perfil de alumno es fácil con sólo no encargarles tarea los tendríamos felices. Un poco en broma, aunque realmente deseo llevarlos a la reflexión, de esa forma podemos identificar que nosotros somos los encargados de sacar lo mejor de ellos mismos y hacerlos ver que nuestra tarea es más profunda.

El alumno ideal lo describen: comprometido, curioso, autodidacta (espero que no sea para no batallar), inteligente, inquisitivo, que le guste aprender, lector, puntual, responsable, etc.

Tú puedes agregar las características que desees y hacer más grande la lista, finalmente se trata de una carta a Santa Claus. En este ejercicio el objetivo no es valorar el porqué de las respuestas así que las razones del ideal no son relevantes y pueden ser muy variadas, pero eso sí una vez que se han presentado todas las características, la pregunta obligada es: ¿qué estás haciendo tú para lograr este tipo alumno?

Es imperativo reconocer, aunque suene repetitivo, que nosotros somos los líderes en el proceso de aprendizaje, ellos están siendo formados están siendo niños o adolescentes. Nosotros tenemos que seguir buscando estrategias para lograr conquistar su atención en la clase, ayudarlos a desarrollar sus habilidades y brindarles los aprendizajes que sean significativos, que los preparen para la vida.

Todos tenemos expectativas del maestro ideal y del alumno ideal, pero al final todo se cohesiona si en primera instancia logras establecer un ambiente de confianza. Es importante establecer esa armonía en las relaciones que establezcamos con nuestros alumnos para preparar la tierra y colocar las semillas que logren dar fruto abundante. Cuando el contexto es abrumador los alumnos se cierran y se ven limitados en su aprendizaje, por ejemplo, cuando perciben hostilidad o falta de interés, el alumno responde a esos mensajes con temor, se cohíbe, manifiesta falta de interés, molestia, etc.

Pídeles a tus alumnos que realicen también su carta a Santa Claus, escúchalos, y reflexiona desde una perspectiva humanista, tomando en cuenta que nuestra labor no sólo se trata de trasmitir saberes. Te ayudará mucho conocer lo que piensan los alumnos, además, te ayudará a identificar las necesidades en ese momento. Te sugiero al realizar este ejercicio tomar en cuenta lo siguiente:

- No lo tomes personal. Es un sondeo, lo que dicen no necesariamente tiene que ver con lo que a ti te falta o te sobra. Revisa qué te puede ayudar a ti en ese momento y cambia lo que consideres puede aportar más. Escoge el cambio que pueda resultar más significativo, un pequeño cambio o palanca puede mover todo un sistema.

- Se reflexivo y profundo. Trata de ver más allá de la respuesta. Pregunta un poco más si hay alguna duda de lo que quisieron decir, como el ejercicio es anónimo habrá quien desee aclarar, no fuerces las cosas.

- No podemos tomar todo literal. Las palabras reflejan mucho de lo que somos, pero no somos psicólogos, no podemos asumir que las respuestas reflejan problemas, aclara con los alumnos algún síntoma que puedes detectar como factores de riesgo o canaliza al alumno si este ejercicio provoca alguna conducta irregular.

- La atención se centra en el alumno. Aunque el objetivo es detectar cómo ser mejores, se trata de poner atención también a las repuestas de a los alumnos, sus necesidades y detectar algunos focos rojos de ser posible, nos preocupamos tanto por el contenido que descuidamos el humanismo.

Hasta aquí ¿cómo vas?

En esta aventura de ser maestra me he encontrado conmigo misma y corroborado que siempre tenemos que estar en constante crecimiento y aprendizaje. En el siguiente capítulo te contaré algunos errores que cometí con mis alumnos y cómo aprecié que de los errores también se aprende.

Para saber más

Hacia la construcción de alumnos de excelencia

La calidad educativa en nuestra sociedad reclama resultados al trabajo de los profesores en términos de la excelencia de los alumnos, tradicionalmente esta excelencia se espera verse reflejada en términos cuantitativos de estadísticas y cuadros de honor. Sin embargo, el profesorado y las instituciones educativas deben además luchar por formar estudiantes con características no solamente relacionadas con la técnica y el método científico sino además procurar los valores indispensables para la vida en sociedad y para fortalecer los aspectos del ser persona. Todos estos aspectos deben ser tomados en cuenta, esta suma de características del perfil del alumno ideal o modelo se forman en casa y se fortalecen en la escuela y viceversa, donde el factor relacional es primordial para el desarrollo de estas habilidades y características que queremos formar en los alumnos.

Las relaciones que existen entre el profesor y el alumno como resultado de la interacción con la técnica demandan del maestro características en correspondencia, no se puede hablar de un alumno ideal sin un profesor ideal, de tal forma que la definición de las características del alumno deberá reflejar de igual manera las características del profesor.

Figura 6.1 Perfil del alumno ideal

La planeación y la comunicación

Cuando se habla de la planeación nos referimos a las acciones y todos los factores que se requieren tomar en cuenta en los procesos de enseñanza aprendizaje. Hablamos del qué, cómo, cuándo y para qué del contenido que se presenta en clase destinado a la enseñanza y al qué, cómo, cuándo y para qué de los sistemas de evaluación de todo el proceso.

La planeación se realiza en las instituciones educativas como una forma de implementar los aspectos relativos a la calidad de los servicios prometidos y como una forma de ejecutar prácticas encaminadas al éxito de esta implementación de acuerdo con estándares generales.

En la práctica intervienen todos los actores dentro de la institución, pero serán los docentes dentro del salón de clases los que transforman estos estándares en acciones concretas que impactarán en la enseñanza de manera evaluable y observable.

La planeación orienta a la administración y al profesorado, a través de una serie de procesos y estrategias que hacen que se desarrolle el acto educativo de manera eficiente y con calidad para la prestación del servicio educativo.

Para los diferentes organismos de educación a nivel global, la educación de calidad en términos generales es aquella que permite la formación de ciudadanos íntegros capaces de afrontar las expectativas del mercado laboral con valores que les permita relacionarse en sociedad procurando la convivencia armónica, la paz y el desarrollo sustentable de su comunidad.

La educación de calidad es por consiguiente aquella que genera grandes oportunidades de progreso para la sociedad en sí misma y por ende para todo el país. La planeación educativa debe centrar sus mayores esfuerzos en la formación integral de sus alumnos, en concordancia con la misión de cada institución.

Ahora bien, la planeación dentro de los sistemas educativos se presenta regularmente con claridad dentro de los planes curriculares, la labor del docente será la de traducir esos planes a la realidad de su salón de clases, para ese fin se identifican las siguientes características dentro de una planeación efectiva: Factible, diversificada, flexible, integradora y objetiva. En la siguiente figura se observa en qué consiste cada una de estas características.

Características de la planeación

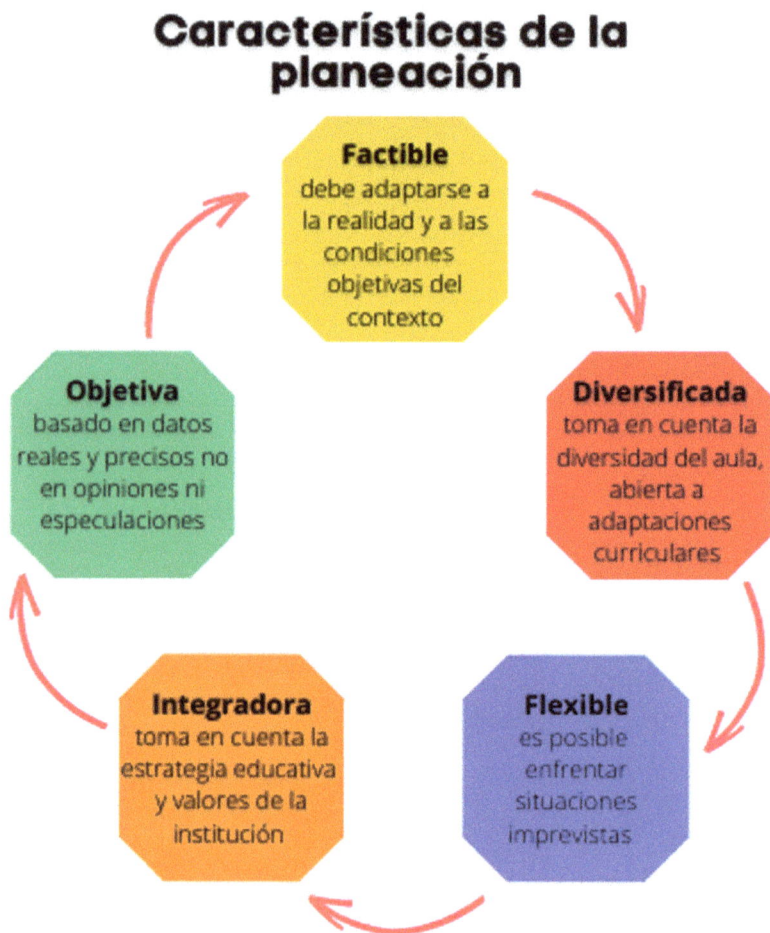

Factible
debe adaptarse a la realidad y a las condiciones objetivas del contexto

Diversificada
toma en cuenta la diversidad del aula, abierta a adaptaciones curriculares

Flexible
es posible enfrentar situaciones imprevistas

Integradora
toma en cuenta la estrategia educativa y valores de la institución

Objetiva
basado en datos reales y precisos no en opiniones ni especulaciones

Figura 6.2 Características de la planeación

Fuente: Adaptado de Aponte y Cuevas (2014)

Además de las características de la planeación es necesario identificar los momentos dentro del proceso de enseñanza aprendizaje que ayudará a la realización de una planeación efectiva: Diagnóstico, diseño de estrategias didácticas y evaluación, ejecución y por último la evaluación haciendo de este un proceso continuo y diversificado de acuerdo con las necesidades de la audiencia en su contexto.

La comunicación

Dentro del proceso de enseñanza aprendizaje la comunicación representa uno de los factores más importantes a tomarse en cuenta en todo el proceso de enseñanza aprendizaje, la comunicación efectiva servirá de marco de referencia para el establecimiento de cualquier plan que desee implementarse dentro del salón de clases.

Para establecer una buena comunicación en el salón de clases es necesario establecer reglas generales para la participación y convivencia dentro de la comunidad de aprendizaje, estas reglas o normas de conducta se recomienda se realicen en conjunto con los alumnos para que reflexionen en cada una de ellas y para que sea un compromiso que sirva para establecer la concordia que motive el entusiasmo y la participación en el trabajo en clase.

COMUNICACIÓN EFECTIVA

Elementos de la comunicación efectiva

Figura 6.3 Elementos de la comunicación efectiva

El profesor debe cuidar que dentro de las reglas se incorpore el respeto que nace de la escucha activa de las aportaciones de todas las personas. Esta escucha activa la promueve el profesor quien debe ser ejemplar en su ejecución. Uno de los factores que puede incorporar ruido en la comunicación es precisamente la falta de cuidado en la escucha activa porque puede resultar en desacuerdos y conflictos en la comunidad de aprendizaje. Por lo cual debe evitar los siguientes ruidos o interferencias en la transmisión de los mensajes:

[Algunos de los conceptos que se presentan a continuación se pueden profundizar en el libro M.E.T. Maestros eficaz y técnicamente preparados del Dr. Thomas Gordon].

A. Ignorar los problemas.

La forma más fácil de hacer los problemas crecer es ignorarlos, por lo cual el profesor como facilitador del aprendizaje es quien debe asegurarse de prever las mejores condiciones en clase. No significa que se eliminen los problemas del todo, pero sí que tenga la habilidad de identificarlos y trabajar en ellos antes de que se conviertan en situaciones descontroladas.

La comunicación es clave, el profesor deberá exponer con claridad, objetividad y responsabilidad la problemática que impacte a sus alumnos en busca de soluciones para trabajar en un ambiente de cordialidad y serenidad. Para esto deberá discernir las causas del problema, quién lo genera y cuál es el plan de acción a seguir para su solución.

Cuando los problemas son ocasionados por los comportamientos de los alumnos es importante que el profesor identifique y seleccione el tipo de mensajes que utilizará como medida de contención (ver incisos siguientes), a veces "la posible solución" puede generar un problema mayor.

B. Mensajes de confrontación.

Es el mensaje más utilizado en la detección de problemas, pero al mismo tiempo el más ineficiente porque provoca en el interlocutor sentimientos de falta de empatía, mata la comunicación y provoca distancia entre las partes, se centra en la persona y no en el problema o la solución. Este tipo de mensaje actúa como disparador de conductas agresivas, por eso es necesario desterrarlo de la comunicación. Este tipo de mensajes tienen una gran posibilidad de producir lo siguientes efectos:

- Hacer que el alumno se resista al cambio;

- Hacer que el alumno piense que es tonto o creer que el profesor piensa eso de él;

- Hacer que el alumno crea que el profesor es poco sensible a sus necesidades;

- Hacer que el alumno se sienta culpable, avergon- zado y en evidencia con sus pares;

- Hacer que el alumno piense que debe de defenderse;

- Provocar enojo y sentimientos de venganza;

- Hacer que el alumno se limite, se dé por vencido, deje de participar y pierda interés en la materia.

C. Mensajes de solución.

Se desprende del anterior, el profesor suele decir al alumno exactamente cómo modificar su comportamiento: lo que tiene que hacer, lo que debería hacer o lo que podría hacer. En este tipo de mensajes el profesor proporciona soluciones para sus propios problemas y espera que el alumno las acepte a cabalidad. De alguna forma con este tipo de mensajes los profesores controlan las acciones de los alumnos y fuerzan la solución. Quizá recuerdes algún ejemplo de esto de tu niñez, esas escenas donde los maestros dan órdenes y ungen amenazas y el alumno no tiene más opción que hacer justo eso que se espera, pero en su interior está maquinando cómo desquitarse.

Ejemplos de este tipo de mensajes:

- Dirección, mandato. "Siéntate", "No me interrumpas", etc.

- Amenaza, advertencia. "La próxima vez, te quedas después de clases", etc.

- Sermón, inferencias. "Ya deberían saber que…"

- Usar lógica, argumentación y moralejas. "Las actividades no se terminan cuando estás distraído (a)", "Los libros son para leerlos no para hacer garabatos", etc.

- Aconsejar y ofrecer soluciones. "Si yo fuera tú, aprovecharía mejor mi tiempo", "para hacer eso mejor utilizaría…"

D. Mensajes de humillación.

Si los anteriores no son apropiados, este tipo de mensaje son inaceptables. Los mensajes que humillan llevan evaluaciones, crítica y juicio denigran a los alumnos, maltratan su personalidad y dañan su autoestima. Podrían clasificarse en las siguientes categorías:

- Culpar, juzgar, criticar. "Te estás portando muy mal", "Siempre eres tú el que comienza los problemas", "otra vez tú".

- Ridiculizar, generalizar, poner apodos. "Parecen moscas", "Puras necedades las tuyas", etc.

- Interpretar, analizar, diagnosticar. "Eso lo haces para llamar la atención", "Tienes problemas, porque cada vez que…", etc.

- Elogio, estar de acuerdo, dar evaluaciones positivas. "Tienes la capacidad suficiente para poner atención", "Cuando quieres lo haces excelente", etc.

- Tranquilizar, compadecer, apoyar. "Es difícil estar quieto en un día tan caliente como hoy, ¿verdad?", "Sé que ya falta menos para las vacaciones, pero tranquilos todavía tenemos más días de clases", etc.

- Averiguar, poner en duda. "¿Por qué eliges esa opción?", "¿Cómo esperas pasar el examen si te la pasas distraído(a)", "¿Por qué te paras a cada rato?"

Quizá podrás pensar que algunos de estos ejemplos parecieran no herir la susceptibilidad de las personas, sin embargo, es bueno que evaluemos y pensemos un poco en nuestro tiempo escolar, rodeados de tus pares, todo un grupo observándote cuando el profesor te dedica estos segundos para estos mensajes ¿cuál sería nuestra reacción? Por lo menos muy incómodo ¿no te parece?

E. Mensajes indirectos.

En esta categoría se encuentran el hacer bromas, engañar, sarcasmo y mensajes que distraen. Los profesores con frecuencia utilizan este tipo de mensaje pensando que los alumnos entenderán lo que quieren inferir, pero en la mayoría de las ocasiones los alumnos no entienden el mensaje lo que acarrea más confusión que resultados. Ejemplos de este tipo de mensaje:

"El libro se ve muy bonito cerrado", "Nunca pensé dar clases a changuitos", "Esperaremos a que nuestro payasito termine su función de hoy", "¿Cuándo te nombraron secretario de tu compañero?", "Ahora que su majestad terminó podemos continuar", etc.

Algunos de los profesores utilizan estos mensajes pensando que tendrá un mejor efecto que los mensajes de humillación o los mensajes de solución, debido a la relativa suavidad de la indirecta, al fin y al cabo, un poco de humor en clase puede aligerar el momento, pero con frecuencia el mensaje no se comprende o bien no es bien recibido, los alumnos suelen interpretar que los profesores no son dignos de confianza, por lo que, no facilitan el cambio de comportamiento.

Mensajes del yo en lugar del tú

Hasta ahora hemos identificado una serie de mensajes que provocan ruido en la comunicación, al igual como lo hace una mala señal o la interferencia en las videollamadas, así son este tipo de mensajes: provocan malestar en ambos interlocutores. Este ruido se produce porque están centrados en el problema y la realidad del alumno. Son mensajes tú: "Tú deberías…", "Tú no terminas porque…", "Tú te crees el rey", etc.

Ninguno de estos mensajes desde el Tú revelan nada sobre el maestro. Si el mensaje fuera del yo, es decir que incluyera la realidad del maestro, es decir si pudiera expresar el cómo se siente a causa de ese comportamiento o la forma real que ese actuar le afecta, el mensaje sería más claro y mejor recibido porque identifica el problema y sus consecuencias.

Al incorporar a la comunicación el cómo nos hace sentir, la responsabilidad recae en la persona que realmente tiene el problema. Lo anterior puede explicarse más claramente en el siguiente ejemplo: pensemos en lo que siente el profesor cuando un alumno lo interrumpe al estar exponiendo un tema. ¿Quién tiene el problema el alumno o el profesor? El profesor que al ser interrumpido se siente frustrado, le cuesta tomar nuevamente el hilo de su elocución. El maestro tras esta situación culpa al alumno sin tomar la responsabilidad de lo que siente internamente y sin saber cuál es el motivo o necesidad que tiene el alumno en ese momento.

Cuando acudimos a los mensajes del tú inconscientemente estamos evitando un estado interno en contraparte de cuando utilizamos mensajes del yo en los cuales identificamos cómo nos sentimos y enviamos un mensaje que claramente comunica lo que se está experimentando. Regularmente estos mensajes son bien recibidos y se toman con empatía y consideración.

Los mensajes del yo o de responsabilidad, como también suelen llamarse, constan de tres criterios importantes para una comunicación eficaz:

1. Tienen una gran posibilidad de promover la disposición al cambio;

2. La evaluación negativa del alumno es mínima;

3. No dañan la relación.

Cómo formular un mensaje de responsabilidad

Para que produzca el impacto deseado los mensajes de responsabilidad deben de contener los siguientes elementos básicos:

1. Debe de identificarse claramente qué es lo que está ocasionando un problema. Si el alumno no tiene que adivinar qué situación o comportamiento está causando el problema tiene mayor posibilidad de que el mensaje sea eficaz.

2. Deben de informar sólo lo sucedido (hechos) sin exagerar o colocar algo de la mente del profesor (evaluación).

3. Deben señalar el efecto tangible o concreto en el maestro a partir del comportamiento específico descrito.

4. Deben indicar los sentimientos generados, por qué están tangiblemente afectados.

Un ejemplo: "Cuando pones tu mochila fuera de lugar (descripción del comportamiento, sin exagerar), alguien puede tropezar (efecto tangible) y me da miedo que se puedan lastimar (sentimiento)".

Este maestro está diciendo que el comportamiento puede crear un posible efecto, y ese efecto le produce un sentimiento de miedo. Que la culpa del sentimiento la tiene el posible efecto y no el alumno. El mensaje es empático y coloca al alumno mucho menos a la defensiva.

Es importante incluir los elementos de los mensajes de responsabilidad (comportamiento, efecto, sentimiento sin exagerar), pero no se trata de replicarlos en secuencia para que sean eficaces, incluso puede faltar una de las partes, lo importante es sustituir los mensajes del tú por un mensaje de responsabilidad. Ahora bien, aunque los mensajes del yo producen menos posiciones defensivas es obvio que a nadie le gusta saber que su comportamiento está causando un problema; por esta razón será necesario sensibilizarse de la situación, escuchar al alumno activamente para llegar a soluciones en conjunto que lo mantengan en la zona de confianza que le demuestren la comprensión y aceptación del maestro. De ser necesario declárese con la apertura de escuchar sus argumentos en una conversación privada.

Bibliografía de consulta

Aponte y Cuevas (2014) Planeación y evaluación basadas en competencias: fundamentos y prácticas para el desarrollo de competencias docentes, desde preescolar hasta el posgrado. Trillas, México.

Gordon, Thomas (2009) M.E.T. Maestros eficaz y técnicamente preparados. Diana, México.

Valla, Francesca (2020) Pequeños grandes talentos: Como reconocer y potenciar las virtudes de tus hij@s. Roca Editorial. Barcelona.

7 Errores comunes

El proceso de enseñanza aprendizaje es el nombre con el que se ha denominado a una gran cantidad de eventos que suceden en el salón de clases y que como maestros pocas veces alcanzamos a dimensionar. Pensar en este proceso me lleva a darme cuenta de que involucra no sólo procesos técnicos o mecánicos, sino que involucra vidas. Al hablar de vidas pienso en los alumnos, pero también pienso en los maestros; y como en toda interacción humana este proceso de enseñanza aprendizaje no está exento de situaciones problemáticas que es necesario resolver.

Dicho lo anterior, quisiera expresar que no estaba segura de escribir este capítulo, pero aquí estoy, repasando mentalmente mis errores docentes, porque todo es aprendizaje y de los errores también se aprende. Como mamá y como capacitadora también me ha tocado estar del otro lado y conocer errores de otros muchos docentes.

Durante mi primer año como maestra de matemáticas en secundaria me enfrenté al primer problema: ¿cómo mantener el control de grupo? Adopté una postura autoritaria e inflexible; sólo importaba mi opinión, sentía que con el poder de la pluma (bolígrafo) lo resolvía todo. En la solución cometí muchos errores: bajar puntos, enviar reportes, mandar alumnos a la dirección, encargar tarea extra, mandar llamar a los padres de familia. Todas estas acciones eran para controlar la conducta del grupo, pero nada de lo anterior me funcionó.

Reconozco que en ese tiempo fui demasiado enérgica, centrada en los contenidos y en mí misma. Mi gran objetivo era el de que aprendieran, y desde mi perspectiva, para lograrlo debían estar atentos y en silencio total. Era tal mi necesidad que estuvieran atentos que no quería que perdieran ningún detalle, así que pausaba mi clase al mínimo ruido. Después entendí que, aunque ciertamente quería que mis alumnos entendieran toda la explicación; adicionalmente al ser auditiva, cualquier ruido me provocaba que me desconcentrara en mi exposición.

Después de mi anécdota con Maribel tuve que abrirme a la posibilidad de que estaba en mí cambiar todo eso, tenía que abrirme al alumno y centrarme más en sus necesidades, identificarme como facilitadora y guía del aprendizaje. No es fácil cambiar el rol, pero tuve que reconocer que yo era el adulto, y como tal, debía tomar el control no sólo del grupo sino de todo mi actuar docente.

A continuación, listaré algunos de los errores comunes, no se trata de una lista definitiva sin embargo creo que refleja muchas de las cosas que deberíamos comenzar a cambiar para que, como mencioné arriba, podamos ubicar al alumno como centro de nuestra labor docente:

- **Tener "favoritos".** Aquellos alumnos que son tus "predilectos" porque los ves interesados en tu clase, se concentran y terminan rápido lo que les pongas, que por lo regular son dos o tres. Este tipo de alumnos me hacían sentir que avanzaba más rápido, que lo estaba haciendo bien, pero lamentablemente no era así con todo el grupo.

Si te centras sólo en ellos, una gran parte de tu grupo acabará por poner menos atención que antes o puede sentirse desatendido y usar otros métodos para llamar tu atención.

- **No atender la diversidad del aula**. Recuerdo a Brandon un alumno que toda mi explicación en clase se me quedaba viendo como si lo tuviera hipnotizado, pero al cabo de unos días me percaté que estuvo soñando despierto, porque no aprendió nada. Como parte de mi estrategia para captar la atención realicé una actividad poco convencional en la que logré que él aprendiera en minutos lo que no había logrado en toda la semana. Era la temporada en que se pusieron de moda realizar retos extremos: los alumnos se reunían en casas para ver quién era capaz de beber licuados extravagantes, mezclas de: ajo, cebolla, mayonesa, leche, etc. A mí se me ocurrió retar a mis alumnos, por única y última vez. El reto consistía en que, si Brandon aprendía a factorizar el trinomio cuadrado perfecto y a resolver una ecuación de segundo grado con la fórmula general, yo me tomaría el brebaje con los ingredientes que los alumnos llevaran, pero si Brandon fallaba yo no me tomaba nada. Después de la última explicación del tema les pedí 10 minutos a los amigos de Brandon para que ellos le dieran un repaso final para poder vencerme, vi cómo todos estaban emocionados haciendo matemáticas. ¡Ese día gané el reto! ¡Me tomé esa espantosa mezcla! Porque al final Brandon logró el aprendizaje esperado. Otra estrategia que también involucra la diversidad es cuando tenemos alumnos que trabajan y terminan rápido; cuando no sabemos qué hacer con ellos una buena manera de involucrarlos es a través del aprendizaje colaborativo: rétalos a que ayuden a algún compañero. A mí me funcionó hacer binas de uno que si sabía con otro que aún no comprendía el tema. No sin antes haberles hecho entender que todos tenemos inteligencias más desarrolladas que otras, que todos somos buenos en algo. Aquí las participaciones eran para ambos ya que evaluaría el trabajo colaborativo y resultados.

• **Descalificar a tus alumnos delante de todo el salón**. Confieso que en ocasiones no controlaba mis emociones adecuadamente, así que al chistoso o al alegador, lo terminaba haciendo sentir mal. Como les comenté, en una ocasión le dije a un alumno: "cómo vas a saber más tú que yo". Dicen que se debe de felicitar en público y reprender en privado. Sin embargo, no sabía cómo manejar algunos tipos de alumnos así que les daba más participación y más motivos para estar en desacuerdo. Recuerdo que en mis años de Tronchatoro, cuando un alumno interrumpía mi clase, le pedía a todo el grupo que le diéramos un aplauso pues ya tenía la atención que necesitaba o bien lo reprendía en lugar de seguir adelante con la clase. He corroborado que es mejor manejar estas situaciones en privado, así tú te tranquilizas y se ponen de acuerdo en alguna sanción o le haces entender su liderazgo y cómo te gustaría que lo usara para su bien y el de sus compañeros, cuando los haces partícipes tienen una mejor actitud y pueden colaborar estupendamente, estos alumnos extrovertidos pueden ser tus aliados para lograr objetivos de clase.

- **Errores de discriminación**. Pensando en la autoestima de mis alumnos, siempre buscaba que compitieran con un igual en cuestión de desempeño académico. Un día, una alumna me dijo: "¿Por qué nunca me pone a competir con Lety? ¿Cree que no voy a poder? ¿verdad? Tal vez, a ella le hubiese elevado la autoestima por el simple hecho de creerla capaz de competir con los más adelantados.

- **Contar aspectos de nuestra vida privada o de nuestros familiares**. Si no es relevante para la clase no es relevante para el aprendizaje esperado. Siempre recomiendo a los docentes de mis cursos que eviten platicar de su vida privada a los niños, porque regularmente llevan toda la información a sus padres, lo cual no debería tener ningún problema, pero suelen exagerar las cosas, no entender el mensaje y como el teléfono descompuesto salir con otra cosa que no tiene nada que ver, problemas innecesarios.

- **Quejarse del sistema y de la dirección con los alumnos**. Como veíamos anteriormente de todo dan cuenta y a veces no muy informados así que es mejor no incluirlos en nuestros problemas. Desacreditamos la autoridad de la dirección y actuamos justo como nuestros alumnos actúan.

- **No cumplir con la planeación y entregables**. En ocasiones iniciamos clase preguntando a un alumno (a) en qué nos quedamos la clase anterior para continuar desde ahí. El no planear genera caos en el salón de clases, porque en lo que piensas qué vas a hacer, dejas tiempo muerto que los alumnos utilizarán para llenar con cosas que no son de la clase, volver a recuperar su atención es muy difícil, además que pierdes credibilidad y prestigio. Si te cuesta planear, empieza con lo básico, con el formato más común de la planeación, con el inicio, desarrollo y cierre. Piensa como si fueras el guionista de una película, empieza a repasar en tu mente partiendo desde la hora de llegada y escribe lo que va sucediendo. Verás que con la práctica vas a ir realizando tu propio método para la planeación más efectiva para ti con la que te sientas satisfecho y que logras alcanzar los objetivos que te has trazado.

• **Dar por hecho los aprendizajes de los alumnos sin evaluar los aprendizajes previos.** Este es un error común sobre todo cuando arrancamos un ciclo escolar, pensar que todos los alumnos saben lo mismo o saben lo que creemos deben de saber. Ahí les provocamos mucha inseguridad y, como al inicio todo es nuevo, son pocos los que se atreven a preguntar así que les provocamos lagunas de aprendizaje. Una forma muy fácil de solucionarlo es hacer exámenes de diagnóstico para detectar qué conocimientos es necesario reforzar antes de comenzar con temas nuevos.

• **Obligarlos a participar o exigir el cumplimiento de todo tal y como se solicitó.** Como hemos comentado a lo largo de este libro, nuestra tarea como docentes es la de guiar el aprendizaje y sacar lo mejor de los chicos, para eso es importante propiciar canales de comunicación adecuados que sean propicios para el desarrollo. Cuando somos extremadamente estrictos y puntillistas rompemos el vínculo de la comunicación y aunque, seguramente muchos de ellos actúan desde el miedo, ese sentimiento no es el mejor de los motores para el cambio y mejora. Lo ideal es moverlos a través del entusiasmo en un ambiente de camaradería y confianza.

- **Cortarles la inspiración cuando platican sobre cuestiones que les suceden en casa por querer avanzar con los aprendizajes escolares.** El tiempo siempre juega un factor importante y aunque es necesario marcar pautas para la participación para poder centrarnos en el aprendizaje una forma de solucionarlo es la escucha activa y después retomar el tema contextualizándolo con los temas a tratar en clase conforme a sus intereses. Tenemos que ser muy hábiles para que hacer las preguntas adecuadas que nos sirvan de información útil para introducirlos al contenido de la clase y hacerlos ver que todo puede ser relevante para el aprendizaje.

Los docentes corremos el riesgo de experimentar desgaste emocional por diferentes factores: la carga administrativa y de trabajo, presiones, el desánimo, las rivalidades entre maestros, la vida personal mal-balanceada, rutina, etc. Son factores que deben evaluarse y tomar acciones concretas para evitar caer en desanimo, falta de interés o situaciones que puedan desencadenar problemas de salud. Nuestro trabajo con personas necesita de nuestra total atención y comprensión. Recordar el por qué decidimos ser docentes, estoy segura de que puede ser el inicio para recargarnos de energías renovadas que a la vez nos dará nuevos motivos para perfeccionar nuestro desempeño y seguir adelante en la maravillosa tarea de formar personas.

Reflexión Autoevaluación

¿Cuáles son las estrategias que has encontrado valiosas para eliminar errores y para vencer el desgaste cotidiano?	¿Cuáles de estas pondrás en acción de inmediato?
_____	⬛
_____	⬛
_____	⬛
_____	⬛
_____	⬛
_____	⬛
_____	⬛
_____	

El contar con estrategias innovadoras nos ayudará a eliminar mucho del desgaste cotidiano porque los alumnos al vernos crecer se entusiasman con nosotros y su respuesta es siempre positiva.

Maestros la única solución que encontré en todos estos años es mi trinomio del éxito: domina el tema, planea y da tu clase con actitud positiva.

¡Cuida tu nombre!, en el siguiente capítulo voy a decirte cómo hacerlo en el ambiente educativo.

Para saber más

Planeación en acción

La planeación de una clase es como la partitura para el músico, es necesario tener esta guía independientemente de que seamos los más virtuosos en el manejo de nuestro instrumento. En la clase es indispensable contar con un plan para poder aprovechar de la mejor manera el tiempo y para incluir las estrategias específicas que nos ayudarán a cumplir los objetivos de aprendizaje esperados. Nuestro plan marcará el ritmo de toda la acción educativa. Existen tres actividades clave a tomar en cuenta para el desarrollo de un plan exitoso:

- Los objetivos de aprendizaje.

- Las actividades de enseñanza aprendizaje.

- Estrategias de evaluación o retroalimentación para comprobar la compresión del estudiante.

El identificar objetivos de aprendizaje concretos para la clase ayudará a determinar el tipo de actividades y estrategias de enseñanza-aprendizaje serán las más apropiadas para utilizar en nuestra comunidad de aprendizaje atendiendo su diversidad y contexto específico, mientras que las estrategias de evaluación nos ayudarán a comprobar el logro de los objetivos de aprendizaje y evaluar si es necesario cambiar la estrategia y hacer los ajustes necesarios.

Los objetivos de aprendizaje

Como veíamos arriba son el primer paso para planear tu clase. Pero cómo hacerlos para que verdaderamente sean útiles, que sirvan de guía, y más importante aún, que motiven a los alumnos a desarrollar sus capacidades. La forma más fácil de definir los objetivos de la clase es a través de preguntas de reflexión sencillas:

¿Cuáles son los temas por revisar el día de hoy?

¿Qué es lo que quiero que los alumnos aprendan?

¿Cuáles son las habilidades o competencias que serán capaces de saber hacer al final de la clase?

¿Cuáles son las actitudes o virtudes para reforzar o desarrollar en los alumnos?

¿Hay alguna cosa adicional que debo tomar en cuenta? (avisos, recordatorios, necesidad de algún alumno).

Una vez que tengas esta información, es necesario clasificarla de acuerdo con su importancia, es necesario identificar las cosas que no pueden omitirse y las cosas que podrías no mencionar en caso de que el tiempo se agote.

Los objetivos dentro del plan de clase deben incluir el contenido a revisar y lo que el alumno logrará con ellos.

Las actividades de enseñanza aprendizaje

Las actividades son las herramientas a través de las cuales el alumno podrá tener contacto con el contenido, reforzar lo aprendido y desarrollar nuevas habilidades o actitudes. Por lo cual el docente debe tener la capacidad para dirigir la clase de manera que facilite el aprendizaje, que involucre técnicas que apoyen la adquisición de nuevas habilidades. Preparar diferentes maneras de explicar y motivar para considerar la diversidad de alumnos al menos en los tres estilos más comunes visual, kinestésico y auditivo, utilizando ejemplos de la vida real, analogías, visualizaciones, materiales lúdicos, etc.

Al planear las actividades debe de estimarse el tiempo que te llevará cada una de ellas, desarrollar la explicación o discusión y tener la habilidad para pasar a diferentes formas de aplicar lo aprendido a través del trabajo individual o por grupos, identificando con claridad la estrategia que te ayudará a lograr el objetivo de aprendizaje. Algunas preguntas que pueden ayudarte en el desarrollo de actividades pueden ser:

¿Cómo puedo presentar el tema de manera que inspire o entusiasme a mis alumnos?

¿Qué es lo que conocen que puede ayudarme a anclar la nueva información?

¿Cómo puedo enseñar el tema de manera más atractiva?

¿Qué analogía, ejemplos o situaciones pueden ser relevantes para la comprensión del tema?

¿Cómo diversificar los ejemplos para que pueda atender a la diversidad del aula?

Estrategias de evaluación o retroalimentación para comprobar la compresión del estudiante

Una vez que has realizado la exposición del tema, que has planteado ejemplos y utilizado algunas técnicas como la discusión y el desarrollo de actividades para reforzamiento es necesario comprobar que los contenidos han quedado claros, comprobar el grado de comprensión y si es necesario seguir reforzando el tema. Identifica aquellas cosas que son indispensables y desarrolla preguntas con el fin de comprobar la comprensión. Para esta etapa puedes hacerte las siguientes preguntas:

¿Qué preguntas realizaré para comprobar la comprensión del tema?

¿Cómo resolverán estás preguntas, de manera oral o escrita?

¿Realizarán algún ejercicio?

¿Será a través de un quiz o examen rápido?

¿Qué herramientas tecnológicas pueden ayudarme a realizar esta comprobación de manera lúdica?

¿Puedo involucrar a los alumnos en este proceso no solo como observadores sino participando, generando más preguntas o retos?

¿Qué otros ejemplos adicionales puedo formular para complementar esta etapa de comprobación o retroalimentación?

PLANEA TU CLASE

Guía paso a paso

1 OBJETIVOS DE APRENDIZAJE

- Identifica los temas clave
- Identifica las habilidades o competencias a desarrollar
- Clasifica los temas de acuerdo a su importancia
- Qué es lo que los alumnos aprenderán

2 ACTIVIDADES DE ENSEÑANZA-APRENDIZAJE

- Decide las técnicas a utilizar
- Utiliza los aprendizajes previos
- Considerara la diversidad del aula
- Diseña los materiales a utilizar
- Identifica claramente la relevancia: ¿es claro para ti y para los alumnos?

3 ESTRATEGIAS DE EVALUACIÓN O RETROALIMENTACIÓN

- Prioriza los temas para corroborar la comprensión de los mismos
- Comprueba la comprensión de acuerdo a la importancia del tema
- Escoge la estrategia adecuada al tema: individual o grupal...
- Realiza una batería de preguntas
- Define cómo generarás la participación

RECOMENDACIONES

- Destina un tiempo aproximado para cada actividad
- Planifica actividades adicionales
- Presenta al menos una actividad de manera lúdica
- Verifica que el aprendizaje sea significativo y que aborde temas de interés para los alumnos
- Diversifica

Figura 7.1 Planea tu clase

Algunas recomendaciones adicionales para el éxito de la planeación

Tener un plan debe de ser una ayuda no se trata de una camisa de fuerza así que siéntete en la libertad de ir modificando en la marcha de acuerdo con las necesidades del grupo, recuerda que lo principal son tus alumnos después el contenido.

Dicho lo anterior, es necesario destinar un tiempo para cada cosa y en la medida de lo posible asirse al plan establecido para que siempre el manejo del tiempo pueda darte más libertad para gestionar los imprevistos.

Planifica algunas actividades adicionales en caso de que el tiempo de la clase lo permita para que puedas adelantarte a los tiempos muertos. Pueden ser actividades de esparcimiento, pero dentro de tu plan no cambies a petición de los alumnos, porque después creas precedentes que no puedes mantener a futuro.

Si les prometes algo a tus alumnos anótalo, recuerda cumplir cada una de tus promesas, si no lo harás di el porqué, ellos no olvidan y esperan mucho de sus maestros. Autoridad es prestigio.

Para la retroalimentación puedes incluir juegos, presentar la información de manera lúdica es una forma muy efectiva de aprendizaje.

Es importante recurrir a la repetición de los aprendizajes esperados para perfeccionar la habilidad o competencia.

Al inicio de temas nuevos es necesario hacer un sondeo o diagnóstico, para identificar los conocimientos previos, tener un panorama real por alumno, para corroborar estos resultados es necesaria la observación del trabajo de los alumnos en clase.

No debe de olvidarse la labor docente que desea la transformación de los alumnos, equiparlos con herramientas para el futuro, por eso es necesario conocer el programa de su siguiente grado para identificar cuáles son los contenidos que deben quedar correctamente afianzados para que pueda seguir construyendo a partir de estos que tu cimentaste en ellos.

No se debe olvidar dentro de la planeación educativa las estrategias didácticas para la comprensión de los temas, de manera que el estudiante no sólo aprenda el concepto de un determinado conocimiento sino cuándo y por qué debe utilizarlo en la resolución de situaciones problémicas.

La educación actual demanda de una gran responsabilidad, los estudiantes no pueden ser un ente pasivo, deben aprender de forma interactiva donde el docente dejó de tener el protagonismo, hoy en día alumnos y profesores deben trabajar conjuntamente es necesario estar abiertos al cambio aprender nuevos métodos pedagógicos, el objetivo principal es entonces que el estudiante desarrolle habilidades propias que le permitan adquirir nuevos conocimientos y nuevas formas de enfrentar los problemas actuales.

Bibliografía de consulta

Carriazo, Pérez y Gaviria (2020) Planeación educativa como herramienta fundamental para la educación con calidad. Utopía y praxis Latinoamericana. Universidad de Zulia. Venezuela. Consultado el 17 de mayo de 2021 en: Planificación educativa como herramienta fundamental para una educación con calidad (redalyc.org)

Cazares-Cuevas (2014) Planeación y Evaluación Basadas en Competencias. Ediciones Trillas, México.

Plan y Programa de Estudio Secretaría de Educación Pública. Consultado el 12 de diciembre de 2021 en: https://www.planyprogramasdestudio.sep.gob.mx/descargables/APRENDIZAJES_CLAVE_PARA_LA_EDUCACION_INTEGRAL.pdf

8 Perfil de egreso

Uno de los ideales más nobles de nuestra labor docente, que escucho en los profesores de todos los niveles, es el anhelo interior de formar personas para la vida; preparadas para que puedan enfrentarse a los retos del futuro. Este ideal es muy inspirador, integra verdaderamente el alma y corazón de nuestra labor docente. En nosotros está hacerlo permanecer vigente siempre, aún y cuando enfrentemos los desafíos que encierra nuestra ardua tarea, aún y cuando nuestras vivencias nos ponen a prueba. La pregunta que viene a la mente de inmediato es: ¿Cómo lograrlo?

La respuesta es fácil: para que tu alumno esté equipado de habilidades y competencias para la vida es necesario darle las herramientas para lograrlo. Se dice fácil, sin embargo, implica mucho más. Lo que les proveamos en su día a día serán los instrumentos que utilizará para enfrentar su futuro. Algo que no debemos de obviar es que su futuro más próximo es su siguiente ciclo escolar. Cuando pregunto a los maestros: ¿Qué es el perfil de egreso? A coro responden: "son las habilidades, competencias, conocimientos y valores que deben haber adquirido nuestros alumnos al término del ciclo escolar". El dominio de los contenidos de nuestro ciclo escolar es fundamental, pero ahí no termina nuestra misión, si verdaderamente queremos prepararlos para el futuro debemos ir más allá. No está de más recordarte que se trata de unir saberes, como los eslabones de una cadena los alumnos necesitan recordar qué es lo que vieron anteriormente, así como saber qué es lo que viene para ellos. Te hago la siguiente pregunta en caso de que tu materia o grado, tenga relación con el siguiente nivel a cursar: ¿conoces el perfil de egreso del siguiente ciclo?

Para mí fue importante poner atención en este punto, puesto que al relacionar los aprendizajes esperados del grado actual con los conocimientos mínimos que necesitaban tener mis alumnos para el grado posterior me aseguraba de que pudieran tener una buena transición. Desear asegurarme de que son capaces de afrontar lo que viene; corresponde para mí al trato cálido que necesitan de nosotros. Como dicen, no los puedes mandar a la guerra sin fusil; debes de asegurarte que su equipo esté completo. Lo anterior es parte de nuestra labor y de nuestro trabajo de excelencia. Lo hacemos sin esperar que nos lo agradezcan, porque el aprendizaje es un proceso continuo donde uno pone la semilla, otro la riega y otro es el que la cosecha.

En mis cursos exhorto a los maestros que se aseguren que los aprendizajes relacionados al perfil de egreso estén bien afianzados, que se aseguren de equipar a sus alumnos, que unan bien los eslabones de la cadena para que todo se fortalezca.

Nuestra mayor carta de presentación es cuando logramos que un alumno domine el conocimiento que le hemos transmitido, y más aún, que lo transforme, lo supere y cree nuevas formas de ponerlo en práctica. Lo anterior me quedó muy claro cuando impartí la asignatura de matemáticas de los tres grados de secundaria, advertía que debía fortalecer algunos conocimientos al inicio del nuevo ciclo o como base para el nuevo contenido. Debido a que conocía perfectamente el programa y el contenido de los tres niveles sabía que había temas que eran el eslabón; si no estaban bien afianzados, no había forma de avanzar. Aprendí por ejemplo que en su segundo año mis alumnos trabajarían con las operaciones básicas de álgebra; tenía que asegurarme que en primero de secundaria las leyes de los signos quedaran perfectamente sólidas; por lo tanto, me aseguraba que vieran las leyes de los signos hasta en el postre. Sabía que en su tercer año de secundaria verían problemas razonados con todos los tipos de ecuaciones (de primer grado, de segundo grado, sistemas de ecuaciones) me aseguraba que en segundo de secundaria no tuvieran dudas de cómo hacerlo. A sí mismo me preocupé por saber los temas que revisarían el primer semestre de preparatoria; porque sabía que el mayor índice de reprobados de preparatoria era el de primer semestre. Los preparaba, no sólo para mi clase, si no para cuando yo ya no estuviera con ellos.

Cuando mis alumnos se quejaban: "¡Ese tema otra vez, Miss!" les hacía ver la importancia y les explicaba que era necesario dejar buenos cimientos, porque no estaría con ellos cuando se enfrentaran a conceptos más complicados a partir de ese tema en preparatoria.

Puedo resumir la importancia de los contenidos del perfil de egreso con una anécdota que me hace sentir orgullosa: en una ocasión me encontré a un exalumno, me saludó con mucho cariño y entusiasmado me comentó que varios de sus compañeros del grupo de secundaria estaban en la misma preparatoria. Entre otras cosas, me dijo: "Miss quiero darle las gracias, porque ¡es increíble que hasta el que menos sabía de nosotros tiene mejor promedio que el resto de la generación!". ¡Imagínense! Me sentí como pavorreal, como dice el poeta: "Y las lágrimas dieron cosecha".

Creo que muchos de ustedes guardan con cariño estas anécdotas donde sus esfuerzos se ven coronados en el aprovechamiento de sus alumnos, de hecho, conozco a muchos de ustedes maestros por su trabajo impecable, no porque los conozca personalmente sino porque también tuve muy buenos alumnos que reflejaban sin duda el actuar de buenos maestros. Sin duda el trabajo deja huella.

Me motiva mucho pensar que la mente de nuestros alumnos es como barro en nuestras manos y que el producto terminado es precisamente que sean mejores personas tanto por sus conocimientos como porque también están preparados para enfrentar los retos que la vida les presente. Por eso no se trata solamente de contenidos sino de ayudar a los alumnos a fortalecer los valores y estimular sus esfuerzos.

Un día, alcancé a ver desde la ventana de la sala de maestros a Pedro, uno de mis alumnos, que subía las escaleras apurado con un montón de libros en sus manos, como era de suponerse, se le cayeron todos; inmediatamente otra de mis alumnas, Valeria, se acercó a ayudarle. Cuando entramos al salón de clase le dije a Valeria delante de todos: "Valeria anótate 100 puntos extra" (manejaba un sistema de puntos interno para favorecer la participación en clase), en ese momento ¡todos preguntaron asombrados y hasta la misma Valeria!: "¿pero por qué?", les respondí: "todos pudieron ayudar a Pedro, sólo una persona hizo la diferencia". Entendieron que los valores también son importantes y que las buenas conductas también cuentan. En mi escala de puntos también incentivaba el compañerismo, la puntualidad, la participación, el trabajo colaborativo, la atención…

Tengo una dinámica presencial que me gusta mucho realizar, le llamo: "la mesa VIP". La utilizo para destacar la participación de los alumnos, pero la participación medida en toda clase de formas. Los primeros 5 que terminan son los que tienen el honor de sentarse en esa mesa que diferencio con un cartel que dice VIP, tiene que ser algo inspiracional. **Una estrategia inspiradora tiene muchas más probabilidades de**

ser exitosa e incorporar los saberes a nuestras vidas porque podemos adaptarla a nuestras expectativas, deseos, necesidades y motivaciones personales.

Las consignas y retos por cumplir son variados: desde una ecuación, hasta una serie de problemas. A veces me gusta cambiar el estímulo a la mitad del ejercicio, por ejemplo, en una ocasión invité a pasar a: "¡las primeras 5 niñas con moño!", los varones empezaron a reclamar: "¡y eso ¿por qué Miss?!", porque estoy premiando la atención de sus compañeras (había más niñas con moño y sólo ellas estaban atentas). Como ven, es algo sencillo, se trata de hacer dinámicas lúdicas que motiven a los asistentes a mantener la atención y el entusiasmo para conseguir que haya participación y aprendizaje.

Entonces un elemento clave de una estrategia inspiracional es la observación. Observo a mis alumnos todo el tiempo, mi objetivo es llevarlos a la excelencia, como te decía, no sólo en lo académico.

Te invito a que revises el futuro académico de tus alumnos, y veas en qué los puedes preparar desde ahora, con aquellas pequeñas cosas que les servirán de cimiento para todas las cosas que seguirán construyendo a lo largo de la vida.

En algún libro de mi hijo leí un cuento que evoca lo que deseo transmitirte, se leía más o menos así:

Carmelita era una niña de 5 años que le gustaba mucho su nombre.

—Un día le dice a su mamá —mamá gracias por el nombre que me pusiste, me gusta mucho.

—¡qué bueno que te gustó, cuídalo mucho!

—La niña le pregunta con interés —mamá ¿cómo puedo cuidar mi nombre?

—Cuando te lavas los dientes, cuando te peinas, cuando eres amable con todos. Cuando alguien pronuncie tu nombre las personas pensarán en Carmelita, la niña amable, sonriente y ordenada, así como lo eres tú.

Si lo trasladamos a nuestra labor docente: ¿cómo podremos cuidar nuestro nombre? Lo haces cuando sigues buscando estrategias, cuando eres amable con tus alumnos, cuando los equipas con conocimientos, cuando potencias sus capacidades, habilidades y valores, cuando... De esta manera en su siguiente ciclo escolar el nuevo profesor verá tu trabajo y preguntará: "¿quién fue su maestro? ¿quién les dio clases?".

Como algunos de ustedes saben, me dedico a dar cursos de capacitación docente, en línea y de manera presencial y también las escuelas me contratan para dar cursos de dinámicas y estrategias a sus maestros. En una de las escuelas ofrecí una clase muestra llamada: ¿Cómo cautivar la atención de los alumnos? Presenté el tema de suma y resta de monomios (tema de álgebra) y les puse en el pizarrón la canción de las leyes de los signos, una canción que había compuesto desde hacía varios años y que utilizaba para que mis alumnos aprendieran el tema. Me quedé muy sorprendida, porque los alumnos se sabían la letra y ¡hasta la tonada de memoria! Inmediatamente les pregunté quién se las había enseñado y me dijeron que la maestra del año pasado. Me sonreí, y les dije que yo había compuesto esa canción. Al darme el nombre de la maestra recordé que ella había participado en uno de mis talleres. Me emocionó ver cómo aplicó las dinámicas y estrategias y cómo los alumnos lo estaban poniendo en práctica para su aprendizaje. Mi intención de mis cursos y talleres es la de brindar herramientas que faciliten el aprendizaje de los alumnos, es la de poder llegar a las aulas a través de los maestros y en esa ocasión me dio mucha alegría constatar que así fue.

Y bueno, ahora que reflexionamos cómo podemos llegar a trascender: hagamos hasta lo imposible para que nuestros alumnos tengan un aprendizaje significativo y que estén más preparados para su próximo ciclo escolar; agotemos los recursos y estrategias y vayamos en busca de más, innovemos en todo momento. Recuerda se trata de un proceso hacia la excelencia, por lo cual, es necesario eliminar lo que no te ha funcionado, conocer lo que enfrentarán tus alumnos y qué aprendizajes necesitarán reforzar que los lleve a alcanzar su más alto potencial.

Hasta aquí ¿cómo vas?

Reflexión
Autoevaluación

¿Cuáles son los aprendizajes a los que das más énfasis? De estos ¿Cuáles son los aprendizajes que se convertirán en los conocimientos previos (C.P.) del siguiente ciclo?	C.P. del siguiente ciclo

Al escribir estas líneas en mayo del 2021, a poco más de un año que este virus colapsó nuestras vidas ¿a qué te enfrentaste tú? ¿cómo te tomó el súbito uso de la tecnología en el ámbito escolar? Veamos las respuestas a un sondeo que se realicé con maestros de toda la República Mexicana en el siguiente capítulo …

Aprendizaje significativo

Hablar de aprendizaje significativo nos remite al concepto de aprendizaje: proceso a través del cual se adquieren conocimientos, habilidades, valores y actitudes que se logra a través del descubrimiento, la asimilación, la enseñanza, la experiencia, etc. Nos queda claro que el aprendizaje en el ser humano inicia desde sus primeros momentos de vida. Este aprendizaje se va ampliando y desarrollando, permitiendo con el tiempo que el individuo sea capaz de crearlo y transformarlo.

El concepto de aprendizaje significativo surge de la pedagogía constructivista; teoría contemporánea de la educación en la cual David Ausubel, uno de sus principales exponentes, plantea que el aprendizaje es producido a través del contacto e interacción con diferentes experiencias, personas, objetos, vivencias, etc.

El aprendizaje significativo es aquel que propicia la retención y la transformación, que además permite a la persona aplicar los conceptos adecuadamente, le permite crear nuevos conceptos a partir del aprendizaje y transferirlo a situaciones reales para solucionar problemas.

Es por ello por lo que en el aprendizaje significativo se valora el aprendizaje previo del alumno para interactuar con la nueva información, esta interacción se realiza de forma no arbitraria, es decir, serán los alumnos quienes al tomarla puedan hacer nuevas conexiones, porque se involucran con el nuevo conocimiento. La significación del aprendizaje depende de los recursos cognitivos de los alumnos y de las estrategias de enseñanza aprendizaje seleccionadas.

El aprendizaje significativo se logra en gran manera por la implicación afectiva del alumno: el alumno desea aprender porque el contenido que se le presenta lo considera valioso, hace un esfuerzo deliberado por relacionar los nuevos conocimientos con sus conocimientos previos y posee una estructura cognitiva que le permite comprender y conceptualizar contenidos más complejos o abstractos.

El trabajo de los docentes es muy importante para que el aprendizaje significativo se lleve a cabo: las estrategias que el profesor elija facilitarán que los procesos se realicen; el maestro deberá de ser capaz de confrontar a sus alumnos con los nuevos aprendizajes, partiendo de su conocimiento previo, de experiencias e interacción con su entorno y, en el salón de clases, promoviendo la participación.

El aprendizaje significativo parte de la interacción no literal y no arbitraria de nuevos conocimientos previos específicamente relevantes nombrados por Ausubel como subsunsores. Cuando se interactúa progresivamente con un subsunsor se va integrando con mayor claridad a la estructura cognitiva del alumno, adquiere nuevos significados, se puede aplicar de formas distintas y tiene mayores posibilidades de servir de anclaje para nuevos aprendizajes significativos.

En la enseñanza existen dos condiciones esenciales para fomentar el aprendizaje significativo:

- el alumno debe presentar una predisposición para aprender;

- y el material de aprendizaje debe de ser potencialmente significativo.

Lo anterior implica que el alumno cuente en su estructura cognitiva con ideas anclas relevantes (subsunsores) con las cuales pueda relacionar ese contenido y que el material de aprendizaje tenga significado lógico. Los nuevos conocimientos se anclan en conocimientos preexistentes y así adquieren significado en un proceso interactivo y dinámico que actúa internamente en las estructuras cognitivas de cada estudiante.

Un recurso planteado por Ausubel para facilitar la integración de nuevo contenido cuando los alumnos no cuentan de aprendizajes ancla o subsunsores bien afianzados o cuando el alumno piensa que los nuevos contenidos no tienen relación con lo que conocen es el uso de organizadores previos.

Los organizadores previos son aquellos recursos que introducen el nuevo concepto para que el alumno pueda alcanzar a percibir cómo los nuevos conocimientos están relacionados con ideas presentadas anteriormente y que existen de facto en su estructura cognitiva.

Ejemplos de organizadores previos pueden ser desde algo sencillo como un enunciado, una pregunta, una lectura o bien, algo más elaborado como una película, un video, una simulación o demostración. La condición es que se abra camino a lo nuevo, que se presente antes del nuevo contenido y que plantee el aprendizaje de manera más inclusiva y general; de tal forma que despierte el interés, pero además que se muestren las relaciones y diferencias entre lo aprendido anteriormente y el nuevo conocimiento.

Otro término importante en el aprendizaje significativo es la consolidación o el dominio de conocimientos. Se espera que antes de la introducción de nuevo contenido el alumno domine los anteriores, para lo cual el profesor debe de dedicar tiempo y evitar el aprendizaje mecánico a través de estrategias de enseñanza variadas como son: ejercicios, resolución de situaciones-problema, clarificaciones, discriminaciones, integraciones, etc. Que propicien los retos individuales, la interacción y el estímulo intelectual acompañada por el crecimiento afectivo.

Ejemplos de estrategias docentes para un aprendizaje significativo

Toda estrategia nace de una necesidad a cubrir o de un objetivo a desarrollar, cada una de las estrategias de enseñanza aprendizaje se elegirá de acuerdo con su finalidad y se ubicará en alguna etapa del proceso educativo que le permitan al profesor y al alumno obtener los resultados marcados en el currículo y planes de estudio.

Toda elección de una estrategia de aprendizaje debe buscar realizar una reflexión de la práctica docente en la cual se plantea y aspira que todos los estudiantes logren alcanzar una calidad elevada en su formación.

Para el logro de los estándares de calidad y de la satisfacción, que cada vez son más elevados, es importante sistematizar sin mecanizar nuestros procesos de enseñanza-aprendizaje para transformar la práctica docente y en este proceso darle a la educación calidad y calidez.

Las siguientes tablas muestran la finalidad de cada una de las etapas de una clase con ejemplos que pueden servir para el diseño de estrategias para la práctica educativa. Cada etapa parte de un proceso reflexivo en el cual cada pregunta básica (qué, cómo, cuándo y por qué) puede ayudarnos a definir más atinadamente la estrategia más conveniente para nuestros alumnos en ese momento.

1. Inicio.

El inicio de una clase marca el ritmo y sentido de todo lo que ocurrirá en el proceso de aprendizaje, por lo cual es de suma importancia plantear claramente los objetivos, acuerdos y compromisos individuales y grupales. En lo que se refiere a la parte humana (calidez) algo que es sumamente importante es cautivar a nuestros alumnos, motivar su participación desde el inicio y en la parte del dominio de la disciplina (calidad) es necesario recuperar, recordar y activar los aprendizajes previos del alumno para poder dar paso al contenido nuevo mediante disparadores de aprendizaje que capturen su atención y que los remitan a situaciones que le son conocidas.

INICIO

¿Por qué este contenido?

Actividad introductoria que ilumine el concepto a tratar.
Ejemplos: Presentar ejemplos y relaciones.
Resaltar un tema de actualidad (ligado a los intereses de los alumnos).

¿Por qué ahora?

Actividad generadora de estímulos.
Ejemplos: Lectura, notas periodísticas o informativas, etc.
Analogías
Comparaciones

Finalidad

Plantear los objetivos, acuerdos y compromisos individuales y grupales. Recuperar, recordar y activar los aprendizajes previos del alumno. Introducir el contenido nuevo. Incorporar disparadores de aprendizaje.

Verbos clave

Listar, recordar, resumir, reproducir, manifestar, usar adecuadamente, dar un ejemplo, etc.
Formular preguntas significativas de forma clara, precisa y situada.

¿Qué es necesario saber?

Expresar el tema en eventos
Revestir el tema de interés
Generar el impacto de la primera impresión

¿Cómo garantizar el aprendizaje?

Videos con ejemplos o relaciones
Presentaciones
Audios
Material interactivo
Metáforas

Mostrar: Entusiasmo, Conocimiento y Entrega

Expresar el tema en eventos
Revestir el tema de interés
Generar el impacto de la primera impresión

Verificar

Proporcionar referencias
Conocer las ideas relacionadas
Detectar falsas concepciones
Realizar aclaraciones

2. Desarrollo.

Se trata de la exposición propiamente dicha. El dominio del saber por parte del maestro o instructor puede hacer de la exposición el único elemento de la estrategia, sin embargo, es necesario no sucumbir ante esta tentación e introducir estrategias en las cuales pueda estimular la colaboración y la participación del alumno. Es importante confrontar a los alumnos con los temas de la materia a tratar a partir de sus ideas y su propia creatividad para lograr la comprensión de los temas, tomando en cuenta que sólo la práctica puede traspasar su nivel cognitivo a procesos más elevados en su aprendizaje en los cuales puedan transferir los nuevos conocimientos a situaciones reales. En esta etapa es importante captar las necesidades de nuestros alumnos para lograr los estándares de calidad y el logro de los objetivos de aprendizaje, tomar en cuenta los estilos de aprendizaje ayudará a realizar estrategias que facilite la comprensión de todo el grupo.

DESARROLLO

¿Por qué este contenido?

Exponer la relaciones con los objetivos a tratar
Desarrollo del tema
Uso de materiales de apoyo y tecnologías.

¿Por qué ahora?

Establecer relaciones con los aprendizajes previos.
Analogías
Comparaciones

Finalidad

Exposición.
Confrontar a los alumnos con los temas de la materia a tratar.
Lograr la comprensión de los temas
Inspirar la transferencia a situaciones reales.
Estimular la colaboración y participación.
Captar las necesidades de nuestros alumnos.

Verbos clave

Explicar, modificar, demostrar, producir, clasificar, contrastar, colaborar, describe, relaciona, encuentra, etc.

¿Qué es necesario saber?

Creación de escenarios para el aprendizaje basado en problemas, estudio de casos o proyectos.

¿Cómo garantizar el aprendizaje?

Explicar las ideas principales. incluir en la exposición momentos para preguntas de reflexión que incentive la participación y la autoindagación.

Mostrar: Entusiasmo, Conocimiento y Entrega

Videos
Presentaciones
Mapas conceptuales,
Diagramas de flujo, Cuadros sinópticos.

Verificar

La predicción de resultados y el contraste con los hechos.

3. Cierre.

Esta etapa debe de asegurar el logro de los objetivos planteados desde inicio para ello el profesor debe evaluar los aprendizajes aplicando diversas estrategias que le permitan obtener evidencias de aprendizaje y de consolidación de los temas para identificar las deficiencias en la comprensión y en la puesta en práctica de los contenidos, por lo cual también forma parte de la autoevaluación de su propia estrategia docente. El profesor debe asegurarse de anclar el nuevo aprendizaje a través de suscitar el trabajo colaborativo entre pares o grupales con el fin de ubicar al estudiante en el centro de su propio aprendizaje, desarrollar las competencias de comunicación, gestión de acuerdos y problemas, desarrollar soluciones.

CIERRE

¿Por qué este contenido?

Actividad integradora de los aprendizajes

Ejemplos: Confrontación de ideas

¿Por qué ahora?

Actividad generadora de estímulos
Comparaciones
Interacción dinámicas interpersonales de ayuda, asistencia, apoyo, animación y refuerzo entre los miembros del grupo.

Finalidad

Evaluación de los aprendizajes y aplicación de estrategias de autoevaluación.

Obtener evidencias de aprendizaje y de consolidación de los temas. Anclar nuevo aprendizaje

Verbos clave

Reseñar, diferenciar, ordenar, predecir, modificar, diseñar, defender, actualizar, categorizar, etc.

¿Qué es necesario saber?

Suscitar el trabajo colaborativo entre pares o grupales con el fin de ubicar al estudiante en el centro de su propio aprendizaje, desarrollar las competencias de comunicación, gestión de acuerdos y problemas, desarrollar soluciones.

¿Cómo garantizar el aprendizaje?

Material interactivo
Preguntas de análisis
Evaluaciones, Observación

Retroalimentación
Reflexión, Afianzar relación con los aprendizajes previos

Verificar

Constatar la habilidad de los alumnos para transferir lo aprendido a situaciones concretas y nuevas.
Captar las deficiencias en la concepción de los temas.
Identificar las debilidades en la comprensión y en la puesta en práctica de los contenidos.

Bibliografía de consulta

Programas de la última Reforma Educativa de acuerdo con su ciclo escolar

Ausubel, D., Novak J. and Hanesian H.: "Significado y aprendizaje significativo". En: Psicología Educativa. Un punto de vista cognoscitivo, 2ª. ed. México: Trillas, 1993, pp. 47-55

Díaz Barriga Frida, Estrategias docentes para un aprendizaje significativo. Trillas (1997), México.

Ferreiro, Emilia. Piaget-Vigotsky: Contribuciones para replantear el debate. Paidós Educador, México, 2006.

El aprendizaje significativo. Esa extraña expresión (utilizada por todos y comprendida por pocos). Recuperado en: http://depa.fquim.unam.mx/amyd/archivero/AUSUBELAPRENDIZAJESIGNIFICATIVO_1677.pdf

Guerrero J. (2019) Aprendizaje significativo: definición, características y ejemplos. https://docentesaldia.com/2019/05/26/aprendizaje-significativo-definicion-caracteristicas-y-ejemplos/

Taxonomía de Bloom https://www3.gobiernodecanarias.org/medusa/edublog/cprofestenerifesur/wp-content/uploads/sites/105/2015/12/Captura-de-pantalla-2015-12-03-a-las-22-12-56.png

Arca, Claudio (2019) Comparaciones, metáforas, analogías. http://sedici.unlp.edu.ar/bitstream/handle/10915/68742/Documento_completo.pdf-PDFA.pdf?sequence=1&isAllowed=y

9 La educación en tiempos de pandemia

20 de marzo 2020: confinamiento, toques de queda, tiendas cerradas, sólo una persona por familia, no niños menores en las calles, cierre de escuelas, y muchas situaciones que tú ya conoces.

Sin duda este tema es muy delicado, no sabría cómo plasmar todo lo sucedido, se escribiría otro libro de todas las experiencias tan inesperadas que tuvimos que franquear.

En una investigación que realicé con maestros de diversos estados de la República Mexicana pude constatar el gran problema que enfrentaron un grupo generalizado de docentes de todos los niveles: la adaptación acelerada a la educación a distancia o remota, como fue llamada, con todas sus implicaciones asociadas. Cabe mencionar que esta nueva modalidad de trabajo a distancia dista mucho de ser una educación en línea. Más abajo les explicaré por qué.

Veamos algunas de las problemáticas que surgieron como resultado de este acercamiento abrupto a la educación a distancia y que, aún hoy en día, mediados del 2021 sigue en marcha. A la pregunta ¿Qué problemas estás enfrentando hoy en tu labor docente? Obtuve las siguientes repuestas:

La falta de conectividad de los niños (muchos de zonas rurales).

Exceso de carga académica y administrativa.

141

Exceso de envío de evidencias que saturaban los aparatos electrónicos.

Apatía y desánimo por diversas situaciones familiares y propias de la edad.

La economía, no todos cuentan con equipo o servicio de Internet.

La situación emocional que se encuentra a flor de piel, el miedo a la situación imperante, trastornos de tipo psicológico.

El poco avance en el programa académico.

Personas infiltradas en las sesiones (hackers).

Poco compromiso de los padres de familia.

Falta de motivación de los alumnos y la necesidad de encontrar actividades dinámicas distintas que los sorprendan y motiven.

Ausentismo.

Problemas en los sistemas de cable o luz que provocan intermitencia en sus clases virtuales.

Cansancio por la excesiva solicitud de tareas.

Padres de familia que realizaban las actividades por sus hijos.

El lograr que el alumno aprenda realmente.

El que me falta mucho por aprender de tecnología.

Los alumnos cierran las cámaras.

La falta de interacción de algunos alumnos.

La disminución de sueldos debido a la baja de matrícula en colegios particulares.

La ausencia de algunos alumnos por que los padres trabajan todo el día.

Que los alumnos no entregan trabajos.

Falta de dispositivos cuando eran varios hermanos.

Falta de recursos de muchos padres, padres sin escolaridad.

Que los alumnos pierden rápidamente la concentración.

Si conectaste o tuviste alguno de los problemas anteriores, te puedes dar cuenta que no fuiste el único o la única. Quiero compartirte lo que a mí me pasó: Desde el 2018 empecé a recorrer la República Mexica con el curso taller "Una Clase diferente", con gran éxito debido a que, a decir de los profesores participantes, es muy divertido, útil y práctico, lleno de dinámicas que ayudan a reforzar los aprendizajes esperados de una manera significativa. Además, tenía mi academia de matemáticas y todo iba viento en popa, hasta ese fatídico 20 de marzo donde el confinamiento anuló toda posibilidad de ingreso económico. Recuerdo que el saldo de mi cuenta bancaria lo utilicé para que un fotógrafo profesional me grabara. No sé, pero en ese momento pensé que esas grabaciones me iban a servir para algo.

A los pocos días me aparece un anuncio en Facebook, donde me describía totalmente, decía algo así: "¿Te quedaste sin trabajo, porque ya no puedes dar tus cursos presenciales? ..."

Todo lo que exponía aquel comercial me embonaba completamente, llamé para pedir información y ese mismo día ya estaba inscrita en un taller para aprender a hacer cursos en línea (aunque se dice fácil, en unas pocas palabras no se puede expresar todo el dolor y frustración que sentí cuando tuve que aprender tecnología). Fueron 15 días muy pesados y frustrantes; estuve a punto de renunciar, pero la necesidad económica me impulsó a continuar.

¡Y Lo logré!: Todas las dinámicas y estrategias que desarrollé por 18 años, que realizaba de manera presencial, ¡ahora estaban contenidas en un curso digital!

Dos meses después recibo una llamada de un amigo maestro: -- Miss Angélica, necesito su apoyo. Usted, que es muy creativa ¿podría ayudarme a pensar en actividades para realizar con mis alumnos el día del estudiante? -- En ese momento se me vinieron a la mente más de tres. Esa llamada desencadenó el curso de "Dinámicas Virtuales" que he ofrecido durante la pandemia y que ha sido todo un éxito. Ha ayudado a cientos de maestros de todos los niveles a cautivar la atención de sus alumnos en los ambientes virtuales.

Mi gran reto para arrancar este proyecto fue el contacto con la tecnología. Cómo poder transformar los contenidos que por más de 18 años habían logrado mantener la atención de mis alumnos y logrado el éxito en sus aprendizajes. Cómo transformar en formato a distancia mi gran fórmula que había podido compartir de manera presencial a cientos de profesores. ¡Y… lo logré! Por esta razón no me canso de repetir a los profesores, siempre que tengo oportunidad: ¡si yo pude tú puedes!

Busca un buen tutorial de lo que quieras aprender en YouTube, ábrelo en tu celular. Por otro lado, enciende la computadora y empieza a practicar, la computadora no explotará te lo aseguro. Lo peor que puede pasar es que tengas que cerrar todo y volver a empezar.

Hay cosas que no podemos controlar como el hecho de que no todos los alumnos tienen Internet o que los papás los apoyen en casa. Lo que sí puedes y debes ocuparte es en hacer valer el tiempo que estás con tus alumnos. Muchos de ellos gastaron datos para poder conectarse contigo, hay otros estudiantes que no pudieron hacerlo por cuestiones emocionales, factores propios de la edad o por enfermedad.

Si somos maestros de los que se pueden conectar con sus alumnos y verlos en pantalla diariamente, tuvimos que llenarnos de nuevas estrategias para hacer nuestras clases dinámicas y atractivas para poder engancharlos.

Estamos a punto de regresar a las aulas presenciales con controles de salud jamás pensados, sin duda implicará desgaste y nuevos desafíos. Te invito a que alejes los pensamientos de desánimo y queja y veas esta aventura con nuevos ojos, como un gran motivo para dar gracias por la vida y la oportunidad de volver a salir de casa.

La pandemia nos hizo un poco más fuertes, ya todos somos resilientes, seguramente seguiremos aprendiendo nuevas formas de trasmitir conocimientos. Recuerda nutrir la parte humanística que seguramente has profundizado durante este tiempo y que debe caracterizar nuestra labor: ¡Vendamos sueños! …

¿Qué habilidades te regaló la pandemia?   **¿Cuáles seguirás utilizando?**

La pandemia nos hizo más fuertes, ya todos somos resilientes, seguramente seguiremos aprendiendo nuevas formas de trasmitir conocimientos. Recuerda nutrir la parte humanística que seguramente has profundizado durante este tiempo y que debe caracterizar nuestra labor: ¡Vendamos sueños! …

Para saber más

Creatividad y Resiliencia

En educación hay muy diferentes métodos y se ha discutido acerca de muchas formas de abordarlos, aún queda mucho por descubrir; ante todo, el objetivo rector en las instituciones de enseñanza es el de lograr que los estudiantes alcancen su desarrollo integral, haciéndolos capaces de lograr sus aspiraciones personales dentro de la sociedad y a beneficio de esta.

La educación, que se erige como un derecho para todos, debe de alcanzar los estándares que permitan lograr los objetivos primordiales: que todos los estudiantes reciban una calidad elevada en su educación y que los educadores tomen conciencia de su práctica docente, reflexione sobre ella, la sistematice y la transforme. De ahí la importancia de la educación creativa capaz de abordar las necesidades que el contexto demanda.

La práctica de la enseñanza tiene ahora muchas más herramientas, la evolución en la didáctica sobrepasa nuestra capacidad de adaptación y puesta en práctica, sin embargo, estas características tenemos que verlas como una gran ventaja de nuestro tiempo y dejar fuera el estrés que el desafío nos propone. Tanto para los profesores como para los alumnos el contexto histórico social actual demanda nuevas competencias.

La vida nos ha dado una gran oportunidad: no podemos ver la pandemia como un evento aislado, sino realizar una mirada más profunda y reflexiva ante una realidad clara y llana que nos alcanza y nos sobrepasa. La sociedad se encuentra en constante movimiento y cada generación se ve en la necesidad de resolver problemas distintos. ¿Estamos preparados para eso?

La educación creativa e innovadora ayudará a cada uno de los actores de nuestra sociedad a prever cambios y problemas para tratarlos de manera eficaz. Educar para la creatividad es educar para el cambio, capacitar para la innovación a través de métodos que estimulen en cada uno de los estudiantes el deseo por el descubrimiento. Para lograrlo es indispensable el maestro, es necesario primeramente entender que cada alumno es un universo distinto y que es necesario dotar de recursos a cada uno para que pueda desarrollar sus propias habilidades y capacidades, desafiando los estándares de calidad en términos que en su individualidad le proporcionen herramientas para distinguirse y salir adelante en su propio contexto.

Ha quedado más que demostrado que cada individuo tiene talentos y potencialidades en distintas áreas y a diversos niveles; esto aplica para alumnos y maestros, y para todo miembro de nuestra sociedad. Por tal razón, el maestro no construye de la nada, sino que su propia creatividad le permitirá contribuir al desarrollo de los alumnos a su cargo y, como efecto dominó, serán los alumnos a su vez quienes podrán multiplicar los aprendizajes y habilidades que le son dados. La creatividad al igual que la educación son valores que terminan por traspasar las fronteras de lo personal, puesto que son fruto de la interacción entre individuos.

La creatividad se encuentra representada en todos los ámbitos del quehacer humano, no solo es privilegio de inventores y artistas, todas las personas la poseen en mayor o menor medida, pero es preciso hacerla crecer y desarrollarse.

Como lo explica muy bien Lev Vygotsky:

"En efecto, la imaginación como fundamento de toda actividad creadora se manifiesta decididamente en todos los aspectos de la vida cultural haciendo posible la creación artística, científica y técnica. En este sentido, absolutamente todo lo que nos rodea y ha sido hecho por la mano del hombre, todo el mundo de la cultura a diferencia del mundo de la naturaleza es producto de la imaginación y la creación humana basada en esa imaginación".

El reconocer que la creatividad es una característica inherente al ser humano, es esencial para una educación innovadora y creativa. La escuela se erige como el espacio en el que se forjan las herramientas para el desarrollo y el cambio, es por eso por lo que deben de tomarse en cuenta los aspectos humanos, históricos y sociales propios de la comunidad educativa y, más aún, propiciar un ambiente en el que se estimulen estas características en cada uno de los individuos.

Los esquemas rígidos de aprendizaje, así como la transmisión verbal y fragmentada del conocimiento son inhibidores de la creatividad, los individuos que experimentan presiones externas autoritarias, dejan de crear porque se acostumbran a que el otro le muestre el camino al éxito, no hay experiencias vivenciales y no existe la participación para el desarrollo de habilidades.

En cambio, un modelo creativo es aquel que permite a los estudiantes resolver problemas por sí mismos en un clima de libertad de búsqueda de información con un guía que lo oriente en esa búsqueda. El maestro debe de ser consciente de la necesidad de ese cambio de paradigma y prepararse para observar y reflexionar sobre el proceso que ocurre en el aula y sobre su propio desempeño.

El maestro debe estar preparado para trabajar en un clima creatividad y por lo tanto de libertad dentro de un marco de acuerdos en el cual se establezca qué se espera de cada uno de los actores, cuáles son sus roles con tareas bien delimitadas. Conocer bien su materia, programar los objetivos para que el proceso sea coherente, buscar instrumentos de evaluación que le permitan evaluar también cualitativamente el proceso.

Propiciar un ambiente positivo, abierto a la espontaneidad y la originalidad que permita a los alumnos descubrir sus posibilidades individuales y enriquecerlas con la interacción de sus pares. Ayudar a los alumnos a ver la realidad en constante evolución, formada por relaciones, estimulando su pensamiento divergente (exploración de posibles soluciones) y también su pensamiento lógico (soluciones lógicas, únicas y concretas). Desarrollar en ellos la curiosidad, persistencia y la voluntad para asumir riesgos.

Debe asegurarse que cada alumno evolucione, desarrollar el espíritu crítico, permitirles decidir, dar sus propias opiniones y puntos de vista, que sepan refutar y debatir, animándolos a fortalecer sus intereses personales; proporcionándoles actividades variadas y estimulantes en las cuales sean capaces de encontrar diversas soluciones apoyados en una variedad de fuentes y materiales.

Resiliencia

Cuando hablamos de resiliencia, aunque no existe un término definitivo si se converge en pensar que es la capacidad de sobreponerse a los acontecimientos, estresantes o amenazadores y salir fortalecido en el proceso de superar las experiencias negativas. Se reconoce el dolor, la lucha y el sufrimiento implicados en el proceso y cómo los individuos desarrollan destrezas aliviadoras o defensivas como resultado de tales acontecimientos. Podríamos decir que la resiliencia es la habilidad de recuperarse con éxito de la adversidad y desarrollar competencias pese a estar expuesto al estrés.

Los estudios en el campo de la resiliencia destacan que el ámbito escolar puede brindar condiciones que promuevan la resiliencia para alcanzar las metas establecidas como el éxito académico, desarrollo personal, forjar ciudadanos comprometidos, etc. Estas condiciones se asemejan a las del campo de la creatividad en donde se advierte la necesidad de docentes resilientes promotores de esta cualidad, entusiastas, motivados y orientados al cambio.

Henderson y Milstein (2003) advierten 6 estrategias en el ámbito escolar para mitigar los efectos de la adversidad y fomentar la resiliencia:

1. **Crear vínculos afectivos con los alumnos y con su rendimiento académico**, de manera tal que se fortalezcan las relaciones positivas entre los individuos y también que se busque estrategias para trabajar atendiendo los estilos de aprendizaje de cada uno de los alumnos.

2. **Establecer límites claros y firmes**, implementar políticas y procedimientos claros y coherentes en la institución. Estas políticas de convivencia deben indicar los objetivos de cada una de ellas y el alcance de estas.

3. **Enseñar habilidades para la vida.** Como son: la cooperación, asertividad, resolución de conflictos, manejo sano del estrés, etc.

4. **Brindar afecto y apoyo.** Un ambiente afectivo es esencial para el éxito académico. Se puede decir que es casi imposible sortear la adversidad si el individuo carece de un ambiente de comprensión y de empatía. Suscitar las relaciones entre pares en un ambiente de confianza sin prejuicios o preferencias ayuda a incrementar la seguridad y la autoestima.

5. **Establecer y transmitir expectativas elevadas.** El establecer objetivos va de la mano con la necesidad de alcanzarlos por lo cual, las expectativas deben ser realistas para que obren como motivadores eficaces, pero sin subestimar el logro de los alumnos. Es importante trabajar usando las fortalezas de los alumnos, así como estimulando sus estilos de aprendizaje de tal forma que sean la palanca para el desarrollo en un ambiente de compañerismo.

6. **Brindar oportunidad de participación significativa.** Aplicar estrategias de enseñanza participativa

e involucrar a los alumnos en la toma decisiones, ayudándolos a realizar proyectos que involucren sus habilidades y destrezas, que les permita a ellos mismos fijar metas y ayudar a otros, desarrollando el sentido de compromiso.

Fig. 9.1 Perfil de un educador con características de resiliencia
Fuente: Adaptado de Henderson, N. y Milstein, M. (2003).

En resumen, la resiliencia es posible construirse dentro del ámbito escolar si se incorporan los seis factores constructores de resiliencia en la estructura de enseñanza aprendizaje. Los maestros somos constructores de resiliencia cuando: nuestras interacciones personales con los alumnos transmiten optimismo y se centran en sus fortalezas, atendiendo la diversidad del aula.

El efecto Pigmalión (profecía de autorrealización) es importante tanto para el éxito académico como para la resiliencia, es por esta razón que es necesario establecer presuposiciones que ayuden a los profesores a ser constructores de creatividad y resiliencia:

1. Todas las personas pueden aprender.

2. Todas las personas son merecedoras de respeto.

3. Las personas aprenden mejor si participan activamente en la construcción de sus objetivos y descubren las soluciones por sí mismos.

4. Las personas responden positivamente en un medio seguro, alegre, solidario y empático.

5. Las personas necesitan ser alentadas y estimuladas.

6. La autoestima lo mismo que el éxito académico se construye cuando se identifican las fortalezas, las cualidades y se estimula los estilos de aprendizaje propios de cada individuo.

7. Las personas deben ser responsables de su propio aprendizaje.

8. Las personas son disciplinadas si conocen claramente las reglas, el propósito de mantenerlas y las consecuencias de quebrantarlas.

Bibliografía de consulta

Acevedo, V. y Mondragón, H. (2005). Resiliencia y escuela. Pensamiento Psicológico, 1(5), pp. 21-35. Consultado el 18 de junio de 2021 en: https://www.redalyc.org/pdf/801/80100503.pdf

Cemades, Inmaculada (2008): Desarrollo de la creatividad en Educación Infantil. Revista: Creatividad y Sociedad. España. Consultado el 18 de junio de 2021 en: https://educrea.cl/wp-content/uploads/2017/05/DOC1-desa-rrollo-creatividad.pdf

(1999) Editorial Pueblo y Educación. Imaginación y creación en la edad infantil L. S. Vigotsky Vigotsky-Imaginacion_y_Creatividad_En_La_Infancia.pdf (proletarios.org)

García, V. Javier (2015): El efecto Pigmalión y su efecto trans-formador a través de las expectativas. Dialnet. España. Consultado el 21 de junio de 2021 en: https://dialnet.unirioja.es/descarga/articulo/6349231.pdf

Henderson, N. y Milstein, M. (2003). Resiliencia en las escuelas. Buenos Aires: Editorial Paidós.

10   Se venden sueños

Muchas veces la vida profesional de los docentes transcurre en el salón de clases interactuando casi exclusivamente con los alumnos y sin tener mucha convivencia con otros profesores, raramente hay actividades de tipo cooperativo en las escuelas donde los profesores tengan que trabajar en conjunto para el logro de objetivos. Es por eso, que los cursos de capacitación son una excelente oportunidad que tienen los docentes de poner en práctica las habilidades que quieren desarrollar en sus propios alumnos.

Como he referido ya a lo largo de este libro, mi labor de los últimos años ha sido realizar cursos y talleres para profesores en donde centro mi capacitación en desarrollar habilidades y descubrir sus propias fortalezas para a través de la experiencia puedan transmitir lo aprendido e inspirar a sus alumnos en la práctica de estas habilidades.

Para lograr lo anterior, es preciso romper la inercia y recordar. Considero indispensable llevar a los docentes a sus bases para hacerlos ver de dónde vienen, hacia dónde van y por qué hacemos lo que hacemos. Me encanta llevarlos a reflexionar sobre los riesgos que hemos tomado en la vida y la valentía con la que los hemos desafiado.

Todos sin excepción tenemos historias de éxito y de valor que nos han forjado. En mi caso, me gusta recordar los grandes maestros que confiaron en mí, más de lo que yo misma era capaz de hacerlo. Y cómo esa confianza que depositaron en mí me ayudó a salir adelante en mis periodos de adversidad. Es sumamente importante reconocer el impacto que podemos tener en nuestros alumnos tanto de manera positiva como negativa. El tiempo de clases es poderoso, la influencia que tenemos es muy grande: puede ser el lugar para construir o para destruir y debemos de estar muy conscientes de eso.

Ser docente, en lo personal, me ha significado la oportunidad de tocar vidas. Es dejar huella y sólo puedes dejar huella si tus alumnos logran vencer sus dificultades y ser mejores personas. Es mágico que sólo por el simple hecho de hacer tu trabajo se realicen cambios positivos en las demás personas, esa es una gran bendición que nos da nuestra tarea docente para aportar a nuestra sociedad.

Como decía anteriormente, todos tenemos nuestra historia y todos hemos tenido que cruzar por muchos obstáculos para llegar a donde estamos, la pregunta es: ¿estás en donde quieres estar? ¿Eres feliz con lo que haces? Si la respuesta fuera no ¿Qué estás haciendo para cambiar las cosas?

Te lo pregunto porque yo, aunque de pequeña no sabía exactamente dónde quería estar o qué quería hacer, tenía algo muy claro: sabía dónde no quería estar.

Voy a contarte un poco de mi historia, espero pueda llevarte a realizar este ejercicio de introspección que a veces no nos damos tiempo de hacer. He encontrado en estas reflexiones de vida una gran fuente de energía que me anima y me da fuerzas para desempeñar mi labor de manera cada día más fortalecida.

Cuando tenía 6 años, mi padre, que nunca estuvo al cien por ciento en casa, se va de nuestras vidas de manera definitiva.

Mi madre se quedó a cargo de tres hijas y una tienda de abarrotes. Yo era la mayor de las tres. Vivíamos en una trastienda: un cuarto de madera que una compañía refresquera había hecho para vender su producto de forma exclusiva. El piso era de tierra, todos los días hacíamos nuestra cama. En nuestro caso, literalmente, hacíamos la cama; poníamos cajas de madera, de esas donde se ponen las verduras en el mercado; volteábamos las cajas y arriba colocábamos una esponja grande a manera de colchón. En tiempo de frío, poníamos papel periódico en las rendijas de las paredes de madera para que no se colara el aire. Por acá el frío es muy húmedo, así que, teníamos que amañarnos, colocando trastes y cacharros arriba de la cama y buscar la posición más ingeniosa para evitar mojarnos, lo que nos provocaba amanecer adoloridas de arriba a abajo. Así aprendí a vencer la adversidad, a pensar en futuros mejores y aplicar la creatividad para salir adelante. Teníamos un techo, salud, y casi siempre algo para comer.

Ahora puedes ver por qué te digo que aun siendo pequeña sabía en dónde no quería estar. Sabía también que debía trabajar y esforzarme para dejar atrás esa crítica situación de vida. Entonces empecé a cambiar mi realidad, yo quería alcanzar grandes sueños, haciendo de la mejor manera las cosas pequeñas que me tocaba realizar. Y así lo hice.

En el estudio encontré el escape de mi realidad y la manera más apropiada de alcanzar sueños. Además, contaba con una madre inspiradora, esforzada y exigente. Que me repetía constantemente que no hay límites, cuando yo le compartía mis sueños ella me preguntaba cuándo y cómo, alentándome siempre a desafiar mis circunstancias.

Cuando a los 7 años tuve más consciencia y entendí que mi padre no regresaría más, le dije a mi mamá: sé que mi papá ya no volverá, pero no te preocupes, cuando sea grande yo te voy a comprar una casa.

Empecé a dibujar casi todos los días una casa, la tenía bien visualizada en mi mente; siempre hacía la misma y cuando terminaba la hacía de nuevo. Un día en tercero de primaria nos piden a todos un dibujo para un concurso. De tanto hacer la casa de mis sueños había desarrollado habilidades para el dibujo: gané el tercer lugar. Aunque mi inteligencia más desarrollada, antes como ahora, era la lógico matemática sin duda fue una gran sorpresa. Creo que ese premio reforzó mi meta y expectativas de vida.

Todas estas vivencias hicieron forjar dentro de mí un espíritu inquebrantable, viví situaciones que no me atrevo a contar. Sin embargo, me propuse ser la mejor en la escuela, crecí comprometida con mis sueños y concentrada por alcanzar siempre el primer lugar.

Mi situación me hizo ser creativa, así que busqué trabajo y comencé a mis doce años a vender libros en las calles, los que son de mi edad recordarán aquellas enciclopedias que todos queríamos tener con hermosas ilustraciones. Fue por aquellas fechas en la que ofrecía mis servicios como maestra de matemáticas así que los vecinos me llevaban a sus hijos para que yo les explicara y los sacara adelante. Desde niña me gustó dar clases, mi mamá me recuerda constantemente que siempre quería ser yo la maestra, mis hermanas me acusaban de que no las dejaba ser la maestra ni una sola vez.

Recuerdo muy bien cierta ocasión cuando, tenía catorce años, dado la situación económica, a veces no había para papel de baño así que usábamos periódico. En aquella ocasión me puse a hojear el periódico en el baño, abrí el pliego de papel y vi en sus páginas un reportaje que me cautivó desde su imagen, hablaba de que habían nombrado la calle más bonita del mundo: Lombard Street en San Francisco California. Me quedé impactada de aquel lugar y lo grabé en mi mente, otro sueño se estaba fijando en mi interior.

Crecí becada por mis notas de excelencia y siempre trabajé, hice de todo, también aseo de casas. Los trabajos eran cada vez mejores, de cada uno de ellos aprendí mucho, forjaron mi carácter y me enseñaron a ver la nobleza del trabajo y la importancia del buen desempeño para salir adelante.

Tuve la oportunidad de estudiar en una de las mejores universidades de México. Ahí una maestra que se encargaba de los viajes de estudio nos compartió de uno de los viajes que hicieron los alumnos de la generación anterior, mi impulso inmediato fue decirle que la próxima vez que organizara algún viaje me tomara en cuenta, que yo haría hasta lo imposible por ganarme el viaje, cuál sería mi cara y mis ruegos que la maestra de inmediato me dijo: deseas viajar, yo te apoyo para lograrlo, ¡claro que es posible! ¡que no se quede en un sueño, vamos a lograrlo! Así fue como organizó una actividad para que yo pudiera ir a conocer una ciudad que en aquellos años era uno de los mejores lugares turísticos de nuestro país: ¡Acapulco! El viaje fue pagado por nosotros mismos, vendimos todo tipo de cosas. Esa maestra me animó en mi sueño y fue gracias a ella que supe que podía lograr lo que me propusiera en la vida.

De ahí es por qué les cuento esta historia, fue una maestra que me motivó para cristalizar mis sueños. Al tiempo puedo decir con orgullo que: salí adelante, le construí la casa a mi mamá y fui a San Francisco a conocer la calle más hermosa del mundo y realicé muchos otros sueños más. Si un día a mis ya cuarenta y siete años me despierto con otro proyecto o sueño, estoy segura de que lo voy a lograr, porque no lo intentaré, lo haré.

Identifica tus metas por cumplir y también esas otras metas que quizá has dejado en el campo de los sueños, un limbo inalcanzable que te provoca suspiros, pero que no te atreves a alcanzar por miedo o quizá por el costo de obtenerlo. Es tiempo que a pesar de las dificultades empieces a tomar las acciones necesarias que te lleven a la realización de tus sueños. Evita navegar por el mar de las frustraciones. Y aunque ya lo hayas escuchado: ¡no te rindas, no te rindas, no te rindas! Existe una línea muy delgada entre tirar la toalla y el éxito, procúrate éxitos. Los sueños están hechos para todos, pero sólo los perseverantes los alcanzan.

Muchas veces, durante la pandemia, cuando empecé a ofrecer mis cursos de manera virtual, cerraba las sesiones llorando porque no lograba vender un solo curso, pero no me rendí. Mi marido fue un gran motivador, me decía, vas a ver que después no te darás abasto con tantos maestros interesados en tus cursos. Y así fue, pero pasaron meses para lograrlo.

Déjame decirte que después de cientos de maestros que han pasado por mis cursos, algunos de ellos los han nombrado maestros destacados, otros han mejorado el rendimiento del grupo, otros simplemente, pero no menos importante, encontraron el apoyo que necesitaban para dar lo mejor de sí mismos a sus alumnos.

La vida tiene sus altos y bajos, y como docentes, debemos estar prepararnos para las tormentas con la convicción de que todo pasa, sea cual sea la dificultad interior o exterior que estés afrontando; con determinación puedes vencerla y hacer de tu vocación tu pasión.

Vende sueños a tus alumnos, demuéstrales con tu ejemplo que dentro de cada uno de ellos hay un poder especial que los distingue de los demás, que pueden desarrollar y puede servir de ayuda para otros. Todos esos dones y talentos que en el contexto educativo lo llamamos aptitudes natas a veces están dormidas, esperando a que tú como docente las descubras. Debemos desarrollar esas habilidades, tener el acierto de encender todas las competencias de nuestros alumnos.

Para terminar, recuerda que tú eres el ejemplo para seguir e inspiración para tus alumnos, la autoridad es prestigio, por esta razón es indispensable alimentar positivamente tu persona. Mejorar personalmente es poner las áreas de tu vida en una balanza de tal forma que cada elemento que la forma esté en armonía con los demás; esta práctica te ayudará a sentirte mejor contigo mismo y con los demás y; en lo referente a tu labor docente, te permitirá trasmitir seguridad, valores, sueños, conocimientos y competencias a tus alumnos, las personas con las cuales convives diariamente y que tienen sueños grandes como los tuyos.

Hasta aquí ¿cómo vas?

¿Cuáles situaciones han impactado tu vida y han instalado en ti habilidades para la enseñanza?

Deseo saber de ti o verte en algún curso, taller o conferencia, y que me cuentes, cómo has hecho para que tus alumnos sean mejores personas por el simple hecho de que tú has pasado por su vida. Cierro con una frase que contiene mucho de los que deseo transmitirte: "somos educadores y nacimos para hacer la diferencia" Rita Pearson.

Para saber más

Las competencias personales

Las tremendas transformaciones de nuestra sociedad de los últimos años han requerido de las personas nuevas habilidades y competencias que les permitan transitar con más confianza en esta vorágine de información. La era de la información como se le ha llamado a este periodo que nos ha tocado vivir, con su sobresaturación de recursos e innovaciones, puede pasar de ser una ventaja a ser un problema grave si las personas no cuentan con competencias eficaces para gestionarla; exige de nosotros no solo conocimientos técnicos sino además competencias personales que nos lleven a lograr un equilibrio entre todos los aspectos de nuestra vida personal y laboral.

En este sentido es relevante el conocimiento de la dimensión afectiva y emocional. La inteligencia emocional juega un papel importante para la adecuada gestión personal. Se podrá decir que una persona es competente para realizar una determinada tarea o atender una demanda de su entorno en la medida que atiende o mejora cada una de las áreas de su propia vida; puesto que una competencia requiere en su definición no sólo los conocimientos, aptitudes y habilidades sino además un razonable control de la situación, actitudes positivas y un ejercicio adecuado del rol que le toca desempeñar en la sociedad.

Un tema común en el ámbito del desarrollo personal es el de mantener el equilibrio de las áreas de la vida que incluya el autoconocimiento o autopercepción, la autorregulación, la automotivación, autodesarrollo y las habilidades sociales.

Un instrumento eficaz para iniciar a trabajar en el ámbito personal y autodesarrollo es **la rueda de la vida** que se ha utilizado en el campo del coaching para identificar la satisfacción o grado de felicidad en las diferentes áreas de la vida de las personas y proveer un panorama más general de las áreas que se necesitan trabajar o mejorar.

El principio fundamental de esta herramienta es el de contar con una perspectiva real de nuestra vida que nos lleve al equilibrio como clave de la felicidad.

En reiteradas ocasiones nos enfocamos a uno o dos aspectos en nuestra vida, en ello ponemos todo nuestro esfuerzo y descuidamos otras áreas importantes, una persona que logra equilibrar cada uno de los aspectos en su vida logra desarrollarse más plenamente y disfrutar más sus logros y, por consiguiente, llegar a ser un mejor agente de cambio.

La rueda de la vida identifica las siguientes áreas de la dimensión personal: Salud, desarrollo personal, relaciones familiares, educación, emocional o estado de vida, finanzas, aspecto ético o espiritual, y finalmente, la misión de vida y carrera.

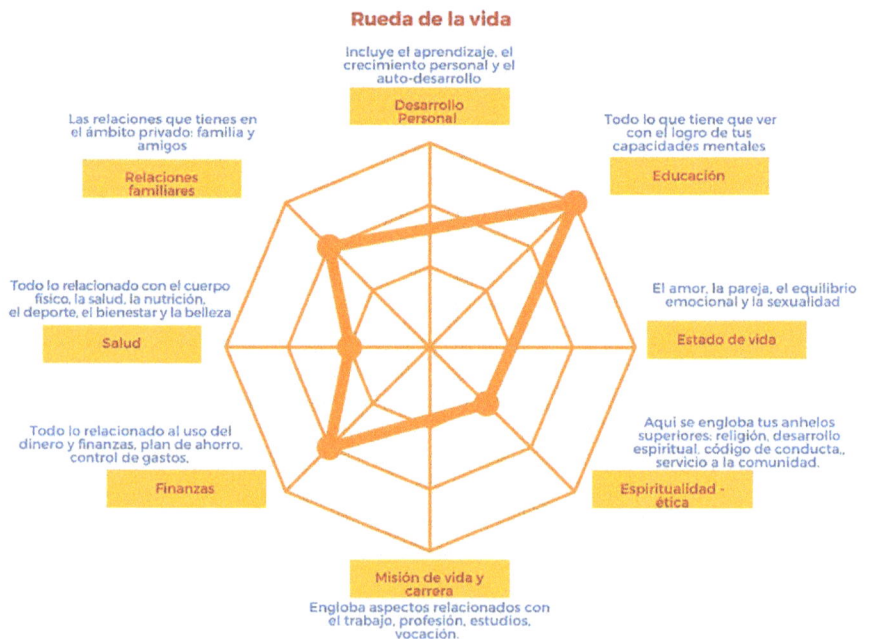

Rueda de la vida

Incluye el aprendizaje, el crecimiento personal y el auto-desarrollo
Desarrollo Personal

Todo lo que tiene que ver con el logro de tus capacidades mentales
Educación

Las relaciones que tienes en el ámbito privado: familia y amigos
Relaciones familiares

Todo lo relacionado con el cuerpo físico, la salud, la nutrición, el deporte, el bienestar y la belleza
Salud

El amor, la pareja, el equilibrio emocional y la sexualidad
Estado de vida

Todo lo relacionado al uso del dinero y finanzas, plan de ahorro, control de gastos.
Finanzas

Aquí se engloba tus anhelos superiores: religión, desarrollo espiritual, código de conducta, servicio a la comunidad.
Espiritualidad - ética

Misión de vida y carrera
Engloba aspectos relacionados con el trabajo, profesión, estudios, vocación.

Figura 10.1 Rueda de la vida

Con esta herramienta descubrirás el nivel de satisfacción para cada una de las áreas de tu vida, aunque no están delimitadas tajantemente y puede ser utilizada de acuerdo con la percepción de quien la analiza, en términos generales cada una de las áreas atienden los siguientes temas:

- **Desarrollo personal** en el cual podrás pensar en aprendizaje en términos globales más allá de lo técnico, el crecimiento personal ¿Cuáles son tus metas a corto, mediano o largo plazo? ¿qué tan cerca estás de alcanzarlas? Y el autodesarrollo aquellas cosas que tienen que ver con los aprendizajes que potencializas lo técnico, que puede incluir alguna afición o hobbie.

- **Educación** está área está centrada en lo técnico o área de *expertise*, todo lo que tiene que ver con el logro de tus capacidades mentales.

- **Estado de vida** lo que se refiere al equilibrio sentimental y emocional, el amor, la pareja y la sexualidad.

- **Espiritualidad-ética** aquí la persona puede incluir sus anhelos superiores, religión, desarrollo espiritual, código de conducta, servicio a la comunidad.

- **Misión de vida y carrera** se trata de los aspectos relacionados con el trabajo, estudios, profesión y vocación en las diferentes etapas de la vida.

- **Finanzas** en este rubro se engloba lo relacionado a las finanzas y adecuado uso del dinero, plan de ahorro, control de gastos, deudas, etc.

- **Salud** una de las áreas más claras de la rueda que, sin embargo, representa una de las más descuidadas. Todo lo relacionado con el cuidado de nuestro cuerpo, la nutrición, conciencia del estado de salud y el medir los factores de riesgo, el bienestar y los factores estéticos del cuidado del cuerpo y belleza.

- **Relaciones familiares** nuestro aspecto social y privado de cada persona, nuestra iniciativa consiente de relacionarnos con los demás de manera positiva, los que se encuentran en nuestro círculo más cercano y las formas de ampliar este círculo.

Al revisar la rueda tendrás que preguntarte el nivel de satisfacción de cada uno de los elementos. Piensa en una escala del 1 al 10, recuerda que tiene que ver con la honestidad que puedas tener hacia la crítica de las áreas de tu vida ¿cuál es la historia que te estás contando a ti mismo? ¿Cuál es tu percepción en ese momento? Si hacemos una buena introspección, los resultados pueden situarnos en un panorama que nos impulse a transformar nuestra vida.

Uno de los riesgos al trabajar con la rueda son tener una perspectiva demasiado halagüeña o bien demasiado catastrofista de las cosas, mantén en lo posible una sana percepción de ti mismo, la rueda es una fotografía de lo que está pasando en ese momento en tu vida que te permita moverte hacia los estados que te aporten mayor satisfacción. Así que presta atención en el equilibrio emocional que tengas al momento de realizar este ejercicio para determinar los elementos de manera más clara.

Una vez que hayas identificado el grado de satisfacción de cada una de las áreas, ahora trata de identificar:

1. ¿Cuál de las áreas es tu punto de palanca? Esa área en la que te sientas mejor y que con algunos cambios puede impactar positivamente en otras.

2. ¿Cuáles áreas pueden ser impactadas por este punto de palanca? Identifica al menos tres. En el ejemplo de la figura 10.1 podemos ver en la educación una de las áreas más fuertes para esta persona, otra de las áreas fuertes son las relaciones familiares. De acuerdo con el ejemplo, ¿qué aspectos de la educación o de las áreas familiares al hacer algún ajuste puede impactar positivamente en las demás áreas?

3. ¿Cuáles son los cambios que puedes realizar en el punto de palanca para ampliar el grado de satisfacción en las otras áreas de la rueda?

4. Otra forma de hacerlo es identificar el área de impacto mayor, qué ajuste se debe de realizar que pueda impactar a más áreas de tu rueda.

Para evaluar la condición de las áreas y el equilibrio vital entre ellas, bastará con identificar las fortalezas y apoyarte en ellas para el equilibrio de la rueda, una rueda equilibrada muestra el equilibrio en nuestra vida. Es bueno aprovechar el ejercicio para potencializar todas las áreas.

Las áreas marcadas del 8 a 10 son aquellas que se encuentran en buen estado, del 4 a 7 las que necesitan mejorar y del 0-4 las que necesitan acciones urgentes de acuerdo con tu propia percepción. Cuando la rueda es simétrica existe coherencia en tu vida, cuando la rueda es asimétrica hay áreas de conflicto que es necesario trabajar.

Debes preguntarte constantemente ¿Qué es lo que necesita tu rueda para girar mejor? No hay respuestas correctas, es lo que tu propia mente te arroje.

Lo que es sumamente importante es definir ¿Qué acciones realizarás para ampliar los otros aspectos de la rueda? Define al menos tres acciones claras. ¿Cuándo lo realizarás? ¿Qué vas a hacer si lo que has definido no resulta? ¿Cuáles son las cosas o signos que te permitirán identificar que estás avanzando en tus acciones? También es importante identificar ¿Cuáles son los factores que te impiden acercarte a tu meta? Crea acuerdos internos que sean alcanzables y determínate a realizarlos.

Ya que has descubierto en qué situación estás, realiza un plan de acción. Tú posees la llave del éxito porque todo lo que necesitas está dentro de ti, esperando su desarrollo y ser puesto a prueba. Busca los medios adecuados para potencializar todas las áreas de tu vida.

Ahora bien, sé que es difícil mantenernos en un estado de determinación que nos de la energía para seguir adelante, sé que somos demasiado complacientes con nosotros mismos, que en ocasiones sentimos que nos falta fuerza para continuar o para dar seguimiento a nuestros propósitos, para eso existen los coaches, para apoyarte a seguir adelante en los planes, metas y proyectos que has definido.

El proceso del coaching es una práctica que se está haciendo cada vez más popular precisamente porque a través de esta ayuda profesional las personas pueden obtener resultados extraordinarios en la vida, relaciones, profesión, empresa, etc.

Es a través del coaching que las personas profundizan en su conocimiento, aumenta su rendimiento y mejora su calidad de vida. Yo puedo ayudarte si así lo deseas, puedo acompañarte en tu desarrollo personal o profesional, me pongo a tus órdenes para cualquier duda que tengas al respecto.

Como ves, sí se puede realizar cambios, sí se puede crecer, sí se puede alcanzar las metas. Basta de excusas, basta de quejas, sé el responsable y transforma tus sueños en acciones y metas alcanzables.

Lo que más me interesa es que vivas tu vida al máximo y alcances la plenitud que deseas a través de tu vocación docente, que lleves a tus alumnos a alcanzar su más alto potencial y que puedas ser tu quién los guíe en su proceso de transformación, madurez y desarrollo.

Te dejo tres frases que me han enseñado a trabajar por mis sueños:

"Para que los cambios tengan un valor verdadero deben ser consistentes y duraderos". Tony Robbins

"Todos nuestros sueños pueden hacerse realidad, si tenemos el coraje de perseguirlos" Walt Disney

"Cuando ya no somos capaces de cambiar una situación, tenemos el reto de cambiarnos a nosotros mismos" Viktor Frankl

¡Escucha tu corazón, es tiempo de que luches por tus sueños!

Bibliografía de consulta

López, A. (1998) El enfoque por competencias en la educación. Consultado el 12 de diciembre de 2021 en: https://www.cucs.udg.mx/avisos/El_Enfoque_por_Competencias_en_la_Educación.pdf

Peiró, J. (2004) Las competencias en la sociedad de la información: nuevos modelos informativos. Consultado el 22 de junio de 2021. Disponible en:

http://cvc.cervantes.es/obref/formacion_virtual/formacion_continua/peiro.htm

Secretaría de Educación Pública. Competencias para la vida, página 39 del plan de estudios 2011. Consultado el 12 de diciembre de 2021 en: https://www.gob.mx/cms/uploads/attachment/file/20177/Plan_de_Estudios_2011_f.pdf

Uruñuela, P. (2016) Si solo nos fijamos en que la escuela produzca gente que cuente con un buen currículum podemos estar creando monstruos / Entrevistado por Txema Martínez. Revista CCOO Enseñanza. Consultado el 22 de junio de 2021. Disponible en: http://docpublicos.ccoo.es/cendoc/047477SoloFijamosEscuela.pdf

Agradecimientos

A Dios y María que me muestran su amor cotidianamente, a mi esposo por su apoyo incondicional y a mis hijos por su alegría, inspiración y fuente de esperanza para cada día de mi vida.

Especialmente a todos los profesores, mentores, maestros de vida que me han dado su consejo, apoyo y enseñanzas. Gracias infinitas.

Margarita Martínez Meza

A Dios por todo lo que ha permitido en mi vida, a mi esposo Gonzalo por apoyarme en mis proyectos, a mi hijo por todas las alegrías que me ha dado.

A mi madre por impulsar todos mis sueños.

A Margarita Martínez Meza por su profesionalismo y calidez.

A mi familia, amigos, comunidad de docentes y alumnos que se han convertido en maestros de vida.

Angélica Saldierna

www.ingramcontent.com/pod-product-compliance
Lightning Source LLC
Chambersburg PA
CBHW041718090426
42739CB00018B/3468